Die Vorteilsanrechnung beim Erfüllungsanspruche nach dem Bürgerlichen Gesetzbuche.

Von

Dr. Leonhard Decker.

München 1907.
J. Schweitzer Verlag (Arthur Sellier).

Inhaltsübersicht.

Literatur-Verzeichnis.[1]

Arnold, Die Wohnungsmiete nach dem Bürgerlichen Gesetzbuche, 2. Aufl., München 1900.
Bendix, Das deutsche Privatrecht, Breslau 1898.
Behrend, Lehrbuch des Handelsrechts, I. Bd., 1. Abteilg., Berlin-Leipzig 1886.
Bernhöft, Das bürgerliche Recht; in Birkmeyers Enzyklopädie der Rechtswissenschaft, 2. Aufl., Berlin 1904 S. 361 ff.
Biermann, Das Sachenrecht des BGB., 2. Aufl., Berlin 1903.
Block, Die Voraussetzungen der mora creditoris nach gemeinem Recht und nach dem Rechte des BGB. für das deutsche Reich, Greifswalder Dissertation 1904.
Bonn, Die Fälle der Anrechnung im Dienstvertrag nach BGB. und GewO., Heidelberger Dissertation 1905.
Brückner, Die Miete von Wohnungen und anderen Räumen nach dem Bürgerlichen Gesetzbuche, 2. Aufl., Leipzig 1902.
C. c. = Code civil.
Cohnfeldt, Die Lehre vom Interesse nach röm. Recht, Leipzig 1865.
Cosack, Lehrbuch des bürgerlichen Rechts, 4. Aufl., I. Bd., Jena 1903.
Crome, System des deutschen bürgerlichen Rechtes, Tübingen und Leipzig, I. Bd. 1900, II. Bd. 1902.
— Die partiarischen Rechtsgeschäfte, Freiburg 1897.
— Die Grundlehren des französischen Obligationenrechts, Mannheim 1894.
— in Zachariae von Lingenthals Handbuch des französischen Zivilrechts, 8. Aufl., II. Bd., Freiburg i. B. 1894.
Dernburg, Das bürgerliche Recht des Deutschen Reiches und Preußens, 3. Aufl., II. Teil, 1. und 2. Abteilung, Halle a. S. 1905/6.
— Pandekten, 7. Aufl., Berlin 1903.
— Geschichte und Theorie der Kompensation, 2. Aufl., Heidelberg 1868.
Düringer-Hachenburg, Kommentar zum Handelsgesetzbuch, Mannheim, 3 Bde 1900/05.
Ebert, Zur Lehre von der Vorteilsausgleichung mit besonderer Berücksichtigung des Enteignungsrechtes, Göttinger Dissertation 1906.
Eccius, Preußisches Privatrecht, Bd. I, Berlin 1896.
Eichhoff, Ueber die compensatio lucri cum damno, Kieler Dissertation 1898.
Endemann, Lehrbuch des bürgerlichen Rechts, 1. Bd., 9. Aufl., Berlin 1903.
Enneccerus-Lehmann, Das bürgerliche Recht, I. Bd., 2. Aufl., Marburg 1901.
Fischer, Hans Albrecht, Der Schaden nach dem Bürgerlichen Gesetzbuch für das Deutsche Reich, Jena 1903 (Fischers Abhandlungen zum Privatrecht und Zivilprozeß des Deutschen Reichs, XI. Bd., 1. Heft).
Fleiner, Oeffentlich-rechtliche Vorteilsausgleichung, in „Festgabe der jurist. Fakultät Basel für A. Heusler", Basel 1904.
Gareis-Fuchsberger, Allgemeines deutsches Handelsgesetzbuch, Berlin 1891.
Gaupp-Stein, Zivilprozeßordnung, 6./7. Aufl. 1904.
Haake, Inwieweit steht das Unvermögen des Schuldners zur Leistung der Unmöglichkeit der Leistung gleich?, Rostocker Dissertation 1903.
Haase, Inwieweit finden die Vorschriften für die synallagmatischen (gegenseitigen) Verträge auf den Gesellschaftsvertrag Anwendung?, Berliner Dissertation 1904.

[1]) Wo nur der Name des Verfassers zitiert, ist damit die Monographie gemeint.

Hachenburg, Das Bürgerliche Gesetzbuch für das Deutsche Reich, Vorträge, Mannheim 1900.
Hellwig, Wesen und subjektive Begrenzung der Rechtskraft, Leipzig 1901.
— Klagrecht und Klagmöglichkeit, Leipzig 1905.
Jagemann, Die Draufgabe, Berlin 1873.
Jung, Die Bereicherungsansprüche und der Mangel des rechtlichen Grundes, Leipzig 1902.
Kisch, Die Wirkungen der nachträglich eintretenden Unmöglichkeit der Erfüllung bei gegenseitigen Verträgen, Jena 1900.
Klein, Untergang der Obligation durch Zweckerreichung, Berlin 1905.
Kleineidam, Unmöglichkeit und Unvermögen nach BGB., in Fischers Abhandlungen, VII. Bd., 1. Heft.
Knoke, Das Recht der Gesellschaft nach dem BGB., Jena 1901 (Fischers Abhandlungen, VII. Bd., 3. Heft).
Kohler, Lehrbuch des bürgerlichen Rechts, I. Bd. Berlin 1906, II. Bd. 1. Teil Berlin 1906.
— Bürgerliches Recht, in Holtzendorffs Enzyklopädie der Rechtswissenschaften, 6. Aufl., I. Bd. S. 561 ff., Leipzig 1904.
Koppen, Das Verhältnis des § 823 zu den §§ 616, 617 des Bürgerlichen Gesetzbuches, Freiburger Dissertation 1903.
Krahmer, Gegenseitige Verträge, Halle 1904.
Krückmann, Institutionen des Bürgerlichen Gesetzbuches, 3. Aufl., Göttingen 1901.
Kuhlenbeck, Handkommentar zum BGB., I. Bd., 2. Aufl., Berlin 1903.
Kunze, Das Wesen und die Bedeutung der arrha des gemeinen Rechts im Verhältnis zu der Draufgabe des BGB., Erlanger Dissertation 1903..
Landmann-Rohmer, Gewerbe-Ordnung, 4. Aufl., II. Bd., München 1903
Larenz, Compensatio lucri cum damno, Göttinger Dissertation 1896.
Lotmar, Der Arbeitsvertrag nach dem Privatrecht des Deutschen Reiches, Leipzig 1902.
Makower, Handelsgesetzbuch, 12. Aufl., I. Bd., 1. Teil, Berlin 1901.
— Kommentar zum allgemeinen deutschen Handelsgesetzbuche, 10. Aufl., Berlin 1890.
Matthiaß, Lehrbuch des bürgerlichen Rechts, 3. Aufl., Berlin 1900.
von Mayr, Der Bereicherungsanspruch des deutschen bürgerlichen Rechts, Leipzig 1903.
Mittelstein, Die Miete nach dem Rechte des Deutschen Reiches, Berlin 1900.
Mommsen, Beiträge zum Obligationenrecht, I.—III. Abtl., Braunschweig 1853/55.
Motive zum ersten Entwurfe, amtl. Ausgabe, II. Bd., Berlin-Leipzig 1888.
Müller-Meikel, Das bürgerliche Recht des Deutschen Reiches, 2. Aufl., I. Bd., München 1904.
Oertmann, Das Recht der Schuldverhältnisse, 2. Aufl., Berlin 1906.
— Die Vorteilsausgleichung beim Schadensersatzanspruch nach römischem und deutschem bürgerlichen Recht, Berlin 1901.[1])
— Bayerisches Landesprivatrecht, Halle 1903.
Pagenstecher, Zur Lehre von der materiellen Rechtskraft, Berlin 1905.
Pescatore, Die Wahlschuldverhältnisse, München 1905 (in Fischers Abhandlungen, XIII. Bd., 1. Heft).
Petrażycki, Die Lehre vom Einkommen, II. Bd. („Einkommensersatz"), Berlin 1895.
Planck, Bürgerliches Gesetzbuch nebst Einführungsgesetz, I. Bd., 3. Aufl., Berlin 1903; II. Bd., bis § 515 in 3. Aufl., Berlin 1904, von da in 2. Aufl., Berlin 1900.
Protokolle der zweiten Kommission, in der Bearbeitung von Achilles-Spahn 1887/99, II. Bd.
Rappaport, Die Einrede aus dem fremden Rechtsverhältnis, Berlin 1904.
Reger-Henle, Krankenversicherungsgesetz, 7. Aufl., 1904.

[1]) Zitiert mit B.-A.

Rehbein, Das Bürgerliche Gesetzbuch mit Erläuterungen, II. Bd., Berlin 1903.
Riezler, Der Werkvertrag nach dem Bürgerlichen Gesetzbuche für das Deutsche Reich, Jena 1900.
Rogge, Auf welche von mehreren Forderungen ist eine Zahlung anzurechnen, welche zur Tilgung sämtlicher Forderungen nicht ausreicht?, Greifswalder Dissertation 1900.
Rönnberg, Der Anspruch der Dienstverpflichteten auf Entschädigung für Zeitversäumnis nach dem § 2 der Gebührenordnung für Zeugen und Sachverständige, 3. Heft der Bernhöft-Binderschen Beiträge zur Auslegung des Bürgerlichen Gesetzbuches, Leipzig 1902.
Rümelin Gustav, Dienstvertrag und Werkvertrag, Tübingen 1905.
Rümelin M., Die Verwendung der Kausalbegriffe in Straf- und Zivilrecht, Tübingen 1900.
Scherer, Recht der Schuldverhältnisse des bürgerlichen Gesetzbuches, Erlangen 1899.
Schollmeyer, Recht der Schuldverhältnisse, 1. Hälfte, München 1900.
— Das Recht der einzelnen Schuldverhältnisse im BGB., 2. Aufl., Berlin 1904.
Schröder, Vergleichende Darstellung des Rechtes der Arrha (Draufgabe) nach dem gemeinen Recht und dem BGB., Erlanger Dissertation 1899.
Schultzenstein, § 617 BGB., Würzburger Dissertation 1903.
Seuffert, Kommentar zur Zivilprozeßordnung, 9. Aufl., München 1904.
Siber, Kompensation und Aufrechnung, Leipzig 1899.
Sigel, Der gewerbliche Arbeitsvertrag, Stuttgart 1903.
Sinzheimer, Lohn und Aufrechnung, Berlin 1902.
Stammler, Das Recht der Schuldverhältnisse in seinen allgemeinen Lehren, Berlin 1897.
— Die Einrede aus dem Rechte eines Dritten, Halle 1900.
Staub, Kommentar zum Handelsgesetzbuch, 6. und 7. Aufl., Berlin 1900.
— Kommentar zum allgemeinen deutschen Handelsgesetzbuch, 5. Aufl., Berlin 1897.
Staudinger, Kommentar zum BGB., II. Bd., 2. Aufl., 1. Hälfte München 1905, 2. Hälfte München 1906.
Stieve, Der Gegenstand des Bereicherungsanspruchs nach dem BGB., Straßburger Dissertation 1899.
Stintzing, Findet Vorteilsanrechnung beim Schadensersatzanspruch statt?, Leipzig 1905.
Titze,[1]) Die Unmöglichkeit der Leistung nach deutschem bürgerlichen Recht, Leipzig 1900.
Tödter, Die allgemeinen Bestimmungen des BGG. über den gegenseitigen Vertrag, Erlanger Dissertation 1899.
Vallentin, Die Draufgabe des gemeinen Rechts, die Draufgabe des BGB., Berliner Dissertation 1900.
Walsmann, Compensatio lucri cum damno, Rostocker Dissertation 1900.
Weyl, Vorträge über das BGB. für Praktiker, I. Bd., München 1898.
Windscheid-Kipp, Lehrbuch des Pandektenrechts, II. Bd., 8. Aufl., Frankfurt 1900.

Abhandlungen und Aufsätze aus Zeitschriften 2c.:

Aus „Archiv für bürgerliches Recht", hrsg. v. Kohler, Ring u. Oertmann:
Hedemann Bd. 27 S. 338;
Kohler Bd. 13 S. 149 ff.;
Oertmann Bd. 20 S. 81;
Oertmann Bd. 22 S. 332.

Aus „Archiv für zivilistische Praxis", hrsg. v. Franklin, Rümelin u. a.:
Biermann Bd. 91 S. 73 ff.;
Kohler Bd. 71 S. 397;
Kohler Bd. 80 S. 141;
Oertmann Bd. 96 S. 16 u. a.

[1]) Zitiert mit „Titze".

Aus „Kritische Vierteljahresschrift für Gesetzgebung und Rechtswissenschaft:[1])
Kisch Bd. 44 S. 513 u. a.;
Titze Bd. 45 S. 338 ff.;
Rümelin M. Bd. 45 S. 189 ff.
Aus Grünhuts „Zeitschrift für Privat- und öffentliches Recht der Gegenwart:
Kisch Bd. 29 S. 528 ff.
Aus Gruchots „Beiträge zur Erläuterung des deutschen Rechts“:
Josef Bd. 49 S. 737 ff. insbesondere S. 746;
Josef Bd. 50 S. 29.
Aus Iherings „Jahrbücher für die Dogmatik des heutigen römischen und deutschen Privatrechts“:
Kohler Bd. 17 S 261 ff.;
Rosenberg Bd. 43 S. 141 ff.
Dochnahl Bd. 48 S. 291.
Aus „Das Recht“, hrsg. v. Soergel:
Böhm Jahrg. VII 1903 S. 479;
Blume Jahrg. VI 1902 S. 8;
Cohn Jahrg. VI 1902 S. 392;
Fischer Jahrg. VII 1903 S. 335;
Hilse Jahrg. VI 1902 S. 207;
Meyer Jahrg. VII 1903 S. 356;
Thiesing Jahrg. VI 1902 S. 369.
Aus „Blätter für Rechtsanwendung“, hrsg. v. Gareis:
Fuld Bd. 68 S. 53;
Mayer Bd. 65 S. 210/11.
Aus „Zeitschrift für Rechtspflege in Bayern“, hrsg. v. von der Pfordten:[2])
Kuhlenbeck 1. Jahrg. 1905 S. 65.
Aus „Das Gewerbegericht“:
Frankenberg Bd. 4 S. 101 ff.;
Frankenberg Bd. 6 S. 81;
Mayer Bd. 9 S. 107 ff.;
Schalhorn Bd. 4 S. 77.
Aus „Deutsche Juristen-Zeitung“, hrsg. v. Laband:
Dernburg X. Jahrg. 1905 S. 465;
Frankenberg VIII. Jahrg. 1903 S. 195 ff.;
Höniger X. Jahrg. 1905 S. 1005.
Mittelstein IX. Jahrg. 1903 S. 447;
Nelken IX. Jahrg. 1904 S. 210 ff.;
Rehbein X. Jahrg. 1905 S. 1109;
Romer VIII. Jahrg. 1903;
Weber VII. Jahrg. 1902 S. 199.
Aus der Heidelberger „Kritischen Zeitschrift für die gesamte Rechtswissenschaft“:
Windscheid II. Bd. S. 106, Heidelberg 1855.
Aus „Oesterreichisches Zentralblatt für die juristische Praxis“, hrsg. v. Leo Geller:[3])
Oertmann 15. Jahrg. 1897 9. Heft S. 689 ff.

Entscheidungensammlungen:
Entscheidungen des Reichsgerichts in Zivilsachen;
Entscheidungen des Reichsgerichts in Strafsachen;
Seufferts Archiv für Entscheidungen 2c.;
Rechtsprechung der Oberlandesgerichte von Mugdan-Falkmann;
Regers Entscheidungen der Gerichte und Verwaltungsbehörden.

[1]) Zitiert mit KrVJSchr. [2]) Zitiert mit BayZfR. [3]) Zitiert mit Gellers CBl.

Vorbemerkung.

Seit der Abfassung des deutschen bürgerlichen Gesetzbuches hat das Problem der Vorteilsanrechnung immer mehr das Augenmerk in der modernen Rechtswissenschaft auf sich gelenkt.

Wiederholt schon wurde die Lehre von der Vorteilsanrechnung beim Schadensersatzanspruche, der sogenannten compensatio lucri cum damno, selbständiger, monographischer Bearbeitung unterzogen.[1]) Neuerdings sind auch auf dem Gebiete des öffentlichen Rechts Untersuchungen über die Vorteilsausgleichung[2]) erschienen.[3])

Auch die nachstehenden Erörterungen befassen sich mit der Vorteilsanrechnung, und zwar auf einem Gebiete, wo sie bisher, wenigstens m. W., eine selbständige, umfassende Bearbeitung noch nicht erfahren hat, nämlich mit der Vorteilsanrechnung beim vertraglichen Erfüllungsanspruche nach dem Bürgerlichen Gesetzbuche. Im weiteren soll die vorliegende Arbeit einen Beitrag zur Lehre von der Vorteilsanrechnung überhaupt und damit auch zur Lehre von den Schuldverhältnissen im allgemeinen liefern.

---

[1]) Larenz, Compensatio lucri cum damno, Göttinger Dissertation 1896; Oertmann, Compensatio lucri cum damno, in Leo Gellers Oesterreichischem Centralblatt für die juristische Praxis, Bd. 15 (1897) S. 689 ff.; Eichhoff, Die Lehre von der compensatio lucri cum damno, Kiel 1898 (war mir, weil aus dem Buchhandel zurückgezogen, nicht zugänglich!); derselbe, Ueber die compensatio lucri cum damno, Kieler Dissertation 1898; Walsmann, Compensatio lucri cum damno, Rostocker Dissertation 1900; Oertmann, Die Vorteilsausgleichung beim Schadensersatzanspruche nach römischem und deutschem bürgerlichen Recht, Berlin 1901; Stintzing, Findet Vorteilsanrechnung beim Schadensersatzanspruch statt?, Leipzig 1905.

[2]) So benannt nach Oertmann's Vorgang mit einem umfassenden Namen. Wenn im folgenden der Name „Vorteilsanrechnung" gebraucht wird, so geschieht dies lediglich in Anlehnung an die Bezeichnung des BGB., das in den maßgebenden Gesetzesstellen durchgängig von einem „Anrechnen" spricht.

[3]) Fleiner, Oeffentlich-rechtliche Vorteilsausgleichung, in der „Festgabe der juristischen Fakultät Basel für A. Heusler", Basel 1904; ferner Ebert, Zur Lehre von der Vorteilsausgleichung mit besonderer Berücksichtigung des Enteignungsrechtes, Borna-Leipzig 1906.

I. Teil.

Die einzelnen Fälle der Vorteilsanrechnung beim Erfüllungsanspruche in ihren Voraussetzungen.

§ 1.

§ 324 BGB.

Ein Hauptfall der Vorteilsanrechnung beim Erfüllungsanspruche findet sich unter den außerordentlich wichtigen, aber ebenso umstrittenen Bestimmungen des BGB. über die gegenseitigen Verträge. Es ist § 324. Er lautet:

„Wird die aus einem gegenseitigen Vertrage dem einen Teile obliegende Leistung infolge eines Umstandes, den der andere Teil zu vertreten hat, unmöglich, so behält er den Anspruch auf die Gegenleistung. Er muß sich jedoch dasjenige anrechnen lassen, was er infolge der Befreiung von der Leistung erspart oder durch anderweitige Verwendung seiner Arbeitskraft erwirbt oder zu erwerben böswillig unterläßt.

Das Gleiche gilt, wenn die dem einen Teile obliegende Leistung infolge eines von ihm nicht zu vertretenden Umstandes zu einer Zeit unmöglich wird, zu welcher der andere im Verzuge der Annahme ist."

Seinem Inhalte nach stellt sich § 324 als eine Ausnahme von dem für die gegenseitigen Verträge[1]) geltenden Grundsatze des § 323 dar; trotz Befreiung von der eigenen Leistungspflicht soll der Schuldner den Anspruch auf die Gegenleistung behalten.

Was die Anwendung des § 324 im allgemeinen betrifft, so fällt es über den Rahmen der vorliegenden Arbeit, eine eingehende

---

[1]) Ueber das Wesen der gegenseitigen Verträge siehe Schollmeyer, Komm. S. 185 ff.; Krahmer § 7 S. 70 ff.; Kleineidam S. 128. — Ueber die m. E. wohl zu bejahende Frage der Zugehörigkeit des Gesellschaftsvertrages zu den gegenseitigen Verträgen s. Kisch S. 2 ff. und die dort Anm. 5 zitierte Literatur; ferner Titze in KrVJSchr. Bd. 45 S. 341; Knoke S. 41 ff.; Haase S. 35 ff. — Wegen der Anwendung des § 324 auf den Gesellschaftsvertrag s. Kisch S. 88 Anm. 14 und S. 246; Knoke S. 48; Haase S. 51; Krahmer § 16 S. 148.

Untersuchung über die Lehre von der Unmöglichkeit der Leistung zu geben.[1]) Bemerkt sei lediglich folgendes:

§ 324 bezieht sich, wie die Stellung im System und die Fassung ergibt, auf die Fälle der nachträglich eintretenden Unmöglichkeit. Maßgebend ist in dieser Beziehung der Zeitpunkt des Vertragsschlusses.[2]) Wann dieser aber gegeben ist, richtet sich nach den allgemeinen Vorschriften des BGB., insbesondere §§ 145 ff., 116 ff. Zu erwähnen ist nur, daß die durch den Gläubiger-Antragsteller herbeigeführte Unmöglichkeit der Leistung, soferne sie vor dem Eintreffen der Annahmeerklärung des anderen Teiles erfolgt, keineswegs als eine nachträgliche zu gelten hat. Ist der Vertrag aufschiebend bedingt oder befristet (§§ 158, 163), so entscheidet nicht der Zeitpunkt des Eintritts der Bedingung oder des Termines, sondern, wie sich aus der in § 160 statuierten Diligenzpflicht des Schuldners ergibt, der Moment des Vertragsschlusses, so daß die inzwischen eintretende Unmöglichkeit als nachträgliche erscheint.[3]) Gleichgültig ist, auf welchen Gründen die Unmöglichkeit der Leistung beruht, ob also natürliche oder rechtliche[4]) Unmöglichkeit vorliegt. Unmöglichkeit der Leistung ist auch dann anzunehmen, wenn dem Schuldner die Leistung zwar an sich möglich ist, aber mit so außergewöhnlichen Schwierigkeiten verbunden wäre, daß ihm die Erfüllung nach Treu und Glauben nicht zugemutet werden kann.[5]) Da nach § 275 Abs. II der nach Entstehung des Schuldverhältnisses eintretenden Unmöglichkeit das nachträgliche Unvermögen des Schuldners zur Leistung gleichsteht, und zwar ohne Einschränkung, so ist trotz seines Wortlautes der § 324 auch in den Fällen der subjektiven Unmöglichkeit anwendbar.[6])

Voraussetzung für das Bestehenbleiben des schuldnerischen Anspruchs trotz Unmöglichkeit der eigenen Leistung ist nach Abs. I, daß der die Unmöglichkeit herbeiführende Umstand vom Gläubiger zu vertreten ist. Wann dies der Fall ist, regelt das Gesetz weder hier im besonderen, noch sonst irgendwo. Die Vorschriften der §§ 276—279 beziehen sich lediglich auf den Leistungsschuldner.[7]) Wir sind daher bei Beantwortung der Frage, wann der Gläubiger für die Unmöglichkeit verantwortlich gemacht werden kann — denn

---

[1]) Vgl. hiezu namentlich die Monographien von **Kisch**, **Titze** und **Kleineidam**.

[2]) **Kisch** S. 25; **Titze** S. 53.

[3]) **Titze** S. 54; **Planck**, Komm. Bem. 2 zu § 275 S. 70; **Kisch** in GrünhutsZ. Bd. 29 S. 313/14.

[4]) Z. B. Begründung von Stockwerkseigentum in Bayern, s. Art. 92 des EG. z. BGB. und Art. 42 der bayer. Uebergangsvorschriften.

[5]) So auch RGE. Bd. 57 S. 116 in Uebereinstimmung mit der gemeinen Meinung, z. B. **Cosack** I S. 343; **Kisch** S. 12.

[6]) S. **Oertmann**, Komm. Bem. 4 zu § 323 S. 157; **Kleineidam** S. 154; **Haake** S. 45 ff. und die dort Zitierten.

[7]) So auch **Kisch** S. 72 und **Krahmer** § 5 S. 46. Vgl. nunmehr auch **Oertmann**, Komm. § 324 Bem. 1a S. 160 und insbes. **Titze** in KrVJSchr. Bd. 45 S. 363/64.

das ist der Sinn des hier wie in § 276 gebrauchten Ausdruckes „vertreten“[1]) — auf Erwägungen allgemeiner Natur angewiesen. Aus dem ganzen Wesen der Gläubigerschaft folgt, daß der Gläubiger als solcher im allgemeinen aus dem Vertrage nur berechtigt, nicht zugleich auch verpflichtet ist. Wenn er dennoch für die Unmöglichkeit verantwortlich ist, so kann dies seinen Grund nur haben in einer von ihm begangenen unerlaubten Handlung (§§ 823 ff.) oder aber in einer ihm für das betreffende Schuldverhältnis gerade obliegenden besonderen Fürsorgepflicht. Kisch[2]) rügt die Anführung der beiden Kategorien „Vertragsverletzung und unerlaubte Handlung“ als Gründe für die Verantwortlichkeit des Gläubigers als „in der Fassung zu eng“.[3]) M. E. wohl mit Unrecht! Denn die sämtlichen von ihm konstruierten Tatbestände[4]) lassen sich, abgesehen natürlich von den Fällen einer unerlaubten Handlung, auf eine besondere, für den Gläubiger aus dem speziellen Fall sich ergebende Vertragspflicht, bestehend in einem gewissen Tun oder Lassen, zurückführen.[5]) Jedenfalls ist aber so viel klar, daß immer und in allen Fällen ein Verschulden des Gläubigers verlangt wird. Demnach rechtfertigt sich auch die direkte Anwendung der §§ 827, 828, 831, soweit eine unerlaubte Handlung, die zum mindesten entsprechende Anwendung der §§ 276, 278 BGB., soweit die Verletzung einer vertraglichen Fürsorgepflicht in Frage steht. Bei konkurrierendem Verschulden des Schuldners ist § 254 anzuwenden.[6]) Handelt es sich um eine Gattungsschuld, so kann § 324 zufolge des in § 279 niedergelegten Grundsatzes, nur dann Anwendung finden, wenn der Gläubiger den Untergang der ganzen Gattung zu vertreten hat. Außerdem wird man den Schuldner auch dann für frei erklären müssen, wenn zwar die Leistung aus der Gattung noch an sich möglich, aber zufolge eines dem Gläubiger zuzurechnenden Umstandes — soweit es sich nämlich um die hier zu betrachtende Anwendung des § 324 handelt — nur unter so übergroßen Schwierigkeiten erfolgen könnte, daß ihre Beschaffung niemandem zugemutet werden kann.[7])

---

1) Kisch S. 39.

2) A. a. O. S. 72 Anm. 2.

3) Auch Staudinger-Kuhlenbeck Bem. 2 zu § 324 S. 153 spricht von einer dem Gläubiger nach dem bestimmten Schuldverhältnis „gesetzlich oder vertragsmäßig obliegenden Verbindlichkeit“.

4) Insbes. auch die unter Ziff. 4 b S. 75 aufgeführten Fälle.

5) Daß diese Vertragspflicht unter Umständen auch nicht durch obrigkeitliche Anordnung aufgehoben wird s. RG. in JW. 1906 S. 55/56.

6) Staudinger-Kuhlenbeck, Komm. Bem. 4 zu § 324 S. 154; Kisch S. 95. — Ueber die bestrittene Frage, ob Selbstmord des Gläubigers als ein von diesem zu vertretender Umstand zu betrachten ist, s. Oertmann, Komm. Bem. 1 zu § 759 S. 484; Titze S. 78; Kisch S. 5 Anm. 15; derselbe in KrVJSchr. Bd. 44 S. 519; Kuhlenbeck in BayZfR. Bd. 1 S. 65; insbes. auch Josef bei Gruchot Bd. 50 S. 29.

7) So auch RG. in Entsch. Bd. 57 S. 116; Kisch S. 113; derselbe in GrünhutsZ. Bd. 29 S. 315; Haake S. 49; Planck, Komm. Bem. 1 zu § 279. A. M. Biermann S. 99 und Kleineidam S. 125.

Im Abs. II des § 324 ist bestimmt, daß die Wirkungen des Abs. I auch dann eintreten sollen, wenn die dem Schuldner obliegende Leistung infolge eines von ihm nicht zu vertretenden Umstandes unmöglich wird zu einer Zeit, wo der Gläubiger schon in Verzug der Annahme ist.[1]) Diese Gesetzesstelle bildet lediglich das Korrelat zu der nach § 300 als Folge des Gläubigerverzuges dem Schuldner zu teil werdenden Haftungsbeschränkung. Das Eintreten des Gläubigerverzuges regelt sich, ohne daß hier besondere Voraussetzungen verlangt wären, nach den allgemeinen Vorschriften der §§ 293 ff.[2])

Für den Fall der teilweisen Unmöglichkeit der Leistung des Schuldners sind, anders wie in den §§ 323, 325, 326 ausdrückliche Vorschriften in § 324 nicht gegeben. Doch läßt schon der auch für § 324 hinsichtlich der Leistungspflicht des Schuldners maßgebende § 275 („Der Schuldner wird von der Verpflichtung zur Leistung frei, soweit die Leistung usw. unmöglich wird") keine andere Schlußfolgerung zu, als daß eben der Schuldner bezüglich des unmöglichen Teiles von der Leistung befreit wird, während er zur Bewirkung des noch möglichen Teils verpflichtet bleibt. Der Gläubiger dagegen hat die ganze vertragsmäßige Leistung zu bewirken, behält aber dafür seinen Anspruch auf die noch mögliche Teilleistung des Schuldners (also Ausnahme von § 266!)[3])[4])

Nach der vorausgehenden kurzen Analyse der Voraussetzungen der Anrechnung nun zur exegetischen Betrachtung der Anrechnungsgegenstände selbst!

Das Gesetz schlägt hier, wie auch sonst in den hier zu behandelnden Paragraphen, den Weg ein, in kasuistischer Form die Anrechnungsgegenstände aufzuzählen. Es unterscheidet drei Gruppen:

a) Die Ersparungen des Schuldners infolge Befreiung von der Leistung. Damit sind gemeint diejenigen Vermögensvorteile, die dem Schuldner dadurch erwachsen, daß eine ohne die Leistungsunmöglichkeit für ihn unvermeidliche Vermögensminderung verhindert wurde. In Anlehnung an die bei der Schadensersatzberechnung herrschende Terminologie kann man füglich wie dort von einem damnum emergens, so hier von einem damnum cessans

---

[1]) Rosenberg S. 282.

[2]) Ueber den Gläubigerverzug s. die bahnbrechenden Abhandlungen von Kohler in IheringsJ. Bd. XVII S. 261 ff.; ferner im Archiv für bürgerl. Recht Bd. XIII S. 149 ff.; vgl. auch Rosenberg in IheringsJ. Bd. 43, 1901 S. 141 ff.

[3]) Wegen der Unmöglichkeit einer wahlweise geschuldeten Leistung s. Titze S. 195 ff.; Kisch S. 224 und neuestens Pescatore S. 237 ff., S. 242.

[4]) Darüber, daß dann, wenn dem Gläubiger selbst nachträglich die Gegenleistung aus § 324 durch Zufall unmöglich wird, der Gläubiger trotz des § 275 von seiner Gegenleistungspflicht nicht frei wird, s. Kisch S. 85/86; zustimmend auch Titze, KrVJSchr. Bd. 45 S. 366/67 und Crome, System S. 180 Anm. 17.

sprechen.[1]) Hierher sind z. B. zu zählen: die Fütterungskosten des verkauften Tieres; der Lohn für die vom Akkordanten einzustellenden Hilfsarbeiter; Transportkosten; Kosten für die Reise zur Arbeitsstelle; Abnützung an den zur Herstellung der Leistung benötigten Maschinen. Im allgemeinen ist zu bemerken, daß die Leistungen ersparte sein müssen; waren sie vor dem Eintritt der Unmöglichkeit schon gemacht, so scheiden sie von der Anrechnung aus (z. B. der Dienstpflichtige ist schon an den Leistungsort gefahren, ehe ihm die vom Gläubiger zu vertretende Unmöglichkeit der Leistung bekannt wurde). Hat allerdings die schon vorher beschaffte Sache für den Schuldner einen Vermögenswert, so ist auch dieser anzurechnen (z. B. der Schuldner hat das Rohmaterial schon gekauft!). Zweifelhaft ist in solchen Fällen, wie die Anrechnung dann zu geschehen hat, wenn der Schuldner das zur Herstellung der Leistung erforderliche Material zu Vorzugspreisen bezogen hat; ob nach diesem Preise oder nach dem üblichen Preise, wie er selbst ihn für den Gläubiger in Rechnung gesetzt hätte. Man wird das erste annehmen müssen, soll nicht der Schuldner unbillig geschädigt werden. Vermeidung von Ausgaben liegt auch dann vor, wenn der Schuldner die durch die Unmöglichkeit der Leistung nunmehr seiner freien Verfügung wieder anheimgegebene Sache oder Arbeitskraft für sich selbst verwendet.[2])

b) Anzurechnen ist ferner, was der Schuldner infolge der Befreiung von der Leistung durch anderweitige Verwendung seiner Arbeitskraft erwirbt (lucrum emergens!)[3]). Mit Kisch[4]) ist hervorzuheben, daß trotz der Ausdrucksweise des Gesetzes noch gewisse andere Vermögensvorteile, die der Schuldner infolge der Unmöglichkeit erwirbt,[5]) angerechnet werden müssen. Sie sind, weil unter den Gesichtspunkt des lucrum emergens fallend, in diesem Zusammenhange zu erwähnen.

c) Endlich ist anzurechnen, was der Schuldner durch Verwendung seiner freigewordenen Arbeitskraft zu erwerben böswillig unterläßt. Die Vorschrift hat ihren Ursprung in dem vom modernen Rechte so sehr betonten Grundsatze von Treu und Glauben im Verkehr. Wie beim Schadensersatzrecht von dem Beschädigten verlangt werden muß, daß er selbst zur Abwendung oder wenigstens zur Abminderung des Schadens tätig sei, soweit es sich mit seinem

---

[1]) Oertmann, Vorteilsausgleichung S. 205 und 215.

[2]) Kisch S. 91/92; im Ergebnis zustimmend auch Petrażycki S. 336 ff., der hier von fingiertem Arbeitseinkommen spricht.

[3]) Oertmann, V.-A. S. 206.

[4]) Kisch S. 91; zustimmend auch Planck, Komm. Bem. 2 zu § 324 S. 149; Krahmer § 5 S. 53 Anm. 68 und Oertmann, Komm. Bem. 3 zu § 324 S. 162.

[5]) Z. B. das Fleisch des gefallenen Tieres; die Metallteile der zerstörten Maschine.

sonstigen Interesse vereinbaren läßt — und zwar nach altem[1]) und neuem[2]) Rechte! — so erfordert nur die Billigkeit, daß auch in den Fällen des § 324 der Schuldner dem andern Teile auf dem halben Wege entgegenkommt und zur Herbeiführung von anrechenbaren, mithin anspruchsmindernden Vorteilen Hand anlegt. Aber nur böswillige Unterlassung anderer Arbeitsgelegenheit soll dem Schuldner zum Nachteil gereichen. „Böswillig" ist mehr als vorsätzlich, es erfordert die Absicht, den Gläubiger durch Ausnützung der Zwangslage zu schädigen oder doch die Absicht, „sich die Möglichkeit, untätig zu bleiben, in einer gegen Treu und Glauben verstoßenden Weise zu nutze zu machen."[3])

Es erübrigt noch, weil zum Verständnis von der rechtlichen Natur der Anrechnung außerordentlich wichtig, auf das Wesen des dem Schuldner nach § 324 zustehenden Anspruches einzugehen. Da würde es nahe liegen, an einen Schadensersatzanspruch zu denken, wie er etwa in den §§ 325, 326 sich findet. Diese Auffassung stünde jedoch im Widerspruch mit dem Wortlaute des § 324: Darnach soll der Schuldner den „Anspruch auf die Gegenleistung" „behalten". Diese Ausdrucksweise läßt sich nur dahin verstehen, daß der Anspruch nach wie vor vertraglichen Charakter haben soll. Daß der Gesetzgeber auch wirklich unter ausdrücklicher Ablehnung der Schadensersatztheorie der Ansicht war, das Recht des Schuldners beruhe auf dem Vertrage, bestätigen die Motive.[4]) Von selbst versteht es sich, daß bei Vorliegen einer unerlaubten Handlung des Gläubigers dem Schuldner in elektiver Konkurrenz mit dem Rechte aus § 324 auch die Ansprüche aus §§ 823 ff. zustehen.[5])

---

[1]) S. insbesondere die bei Oertmann, B.-A. S. 242 ff. zitierten Erkenntnisse.

[2]) So § 254 BGB.; s. auch Oertmann, B.-A. S. 245 ff.; Planck, Komm. Bem. 2 zu § 254 S. 33, ferner in Bd. I Vorbem. III S. 41; vgl. auch OLG. Hamburg in SeuffA. Bd. 56 Nr. 219 S. 392, ferner in Bd. 60 Nr. 183 S. 346.

[3]) So Planck, Komm. Bem. 2 zu § 324 S. 149; ferner Oertmann, Komm. Bem. 4 zu § 324 S. 162; Staudinger-Kuhlenbeck, Komm. Bem. 6c zu § 324 S. 154. — A. M. Hachenburg S. 21 im Gegensatz zu den Motiven Bd. II S. 209; auch nach Kohler, Lehrbuch Bd. II S. 30 Bem. III 3 ist hier nicht eine Absicht des Handelnden erforderlich, vielmehr genüge das Bewußtsein, daß ein anderes vernünftiges Ziel ausgeschlossen ist.

[4]) Band II S. 208. Zustimmend Kisch S. 82; mit ausführlicher Begründung Oertmann, B.-A. S. 37, 42; Walsmann S. 69; Bendix S. 301 § 34 II c; Düringer-Hachenburg Bd. II S. 110; Staudinger-Kuhlenbeck Bem. 4 zu § 324 S. 154; Tödter S. 35; Crome, System § 170 S. 180/181; Titze in KrVJSchr. Bd. 45 S. 366; Oertmann, Komm. Bem. 2c zu § 324 S. 161 und Ebert S. 21.

[5]) Kleineidam S. 140; Kisch S. 84; Planck Bem. 1a zu § 324 S. 148; Weyl Bd. I S. 359/360; Tödter S. 36.

§ 2.

§ 552 BGB.

„Der Mieter wird von der Entrichtung des Mietzinses nicht dadurch befreit, daß er durch einen in seiner Person liegenden Grund an der Ausübung des ihm zustehenden Gebrauchsrechts verhindert wird. Der Vermieter muß sich jedoch den Wert der ersparten Aufwendungen sowie derjenigen Vorteile anrechnen lassen, welche er aus einer anderweitigen Verwertung des Gebrauches erlangt. Solange der Vermieter infolge der Ueberlassung des Gebrauchs an einen Dritten außerstande ist, dem Mieter den Gebrauch zu gewähren, ist der Mieter zur Entrichtung des Mietzinses nicht verpflichtet."

So § 552! Er verfolgt den Zweck, in gewissen Fällen die Gefahr auf den Mieter überzuwälzen. Für den überwiegenden Teil dieser Fälle hätte es allerdings einer positiven Regelung im Gesetze nicht bedurft; bei ihnen würde der Vermieter ohnehin den Anspruch auf den vertragsmäßigen Mietzins behalten haben, ohne daß § 323 anwendbar wäre. Denn dieser Paragraph setzt voraus Unmöglichkeit der Leistung des Schuldners. Die Leistung erschöpft sich aber beim Vermieter darin, daß er dem Mieter den vertragsmäßigen Gebrauch gewährt.[1]) Man kann doch wohl kaum behaupten, daß die Leistung des Vermieters unmöglich wird, wenn lediglich ein subjektives Unvermögen des Mieters zur Annahme der ihm vertragsmäßig angebotenen Leistung vorliegt (z. B. Erkrankung, Versetzung, Einberufung zu einer militärischen Uebung[2]), mag jetzt dieses Unvermögen verschuldet sein oder nicht. Nur dann, wenn mit dem Unvermögen des Mieters zum Gebrauche der Mietsache zugleich objektive Unmöglichkeit der Leistung des Vermieters verbunden wäre (z. B. der Mieter stirbt), würde § 323 eingreifen und nur insoweit bedeutet § 552 eine Modifikation des § 323.[3])

Trotz seines Wortlautes wird § 552 auch dann anwendbar sein, wenn der Mieter die gemietete Sache, ohne in der Gebrauchmachung behindert zu sein, tatsächlich nicht benützt, weil er eben nicht will.[4])

---

[1]) Motive II S. 399.

[2]) Weitere Beispiele bringt Mittelstein S. 38: Eine Frau, die eine Wohnung gemietet hat, muß wegen Verheiratung ihrem Manne an dessen Wohnort folgen; S. 63: Versagung der Konzession aus einem in der Person des Mieters liegenden Grund.

[3]) So auch Oertmann, Komm. Bem. 1 Abs. III zu § 552 S. 502. Die Bemerkung bei Staudinger-Kober zu § 552 S. 251 unter I, daß § 323 den Mieter dann von der Leistung des Mietzinses befreien würde, wenn ihm die Ingebrauchnahme der Sache unverschuldet unmöglich wird, ist demnach nur bedingt richtig. Auf der andern Seite ist es wieder zu weit gehend, mit Krückmann S. 212/213 zu behaupten, der § 552 gehöre überhaupt nicht unter die Lehre von der Unmöglichkeit der Leistung.

[4]) Oertmann, Komm. Bem. 1 IV zu § 552; Staudinger-Kober Bem. zu § 552; Brückner S. 85 Anm. 2.

Hinsichtlich der Anrechnung selbst ist folgendes zu bemerken:
Die Anrechnungsgegenstände sind auch hier einzeln aufgeführt. Anzurechnen ist:

a) Der Wert der ersparten Aufwendungen (damnum cessans). Hierher fallen insbesondere die Ersparungen für Wasser, Gas, Elektrizität, Beheizung, wenn diese Gegenstände in dem Mietzins mitberechnet waren.[1]) Weiter sind zu nennen die Kosten, die erspart werden dadurch, daß die Mietsache durch den Gebrauch nicht abgenützt wurde (z. B. die Böden, Tapeten, Oefen der vermieteten, aber nicht bezogenen Wohnung brauchen nach Ablauf der Mietzeit für den neuen Mieter nicht renoviert zu werden).

b) Der Wert derjenigen Vorteile, welche der Vermieter aus einer anderweitigen Verwertung des Gebrauches erlangt.[2]) Wie beschaffen diese Verwertung ist, bleibt belanglos. Der Hauptfall wird wohl der sein, daß der Vermieter inzwischen die Sache weiter vermietet und daher von einem Dritten Mietzins erhält.[3]) Aber auch Verwertung der Sache durch den Vermieter selbst gehört hierher (z. B. Benützung des vermieteten Lagerraumes zu eigenen Geschäftszwecken); hierbei ist jedoch der Grundsatz: minima non curat praetor zu beachten. So, wenn in einer Großstadt das Bett des zum Militär eingezogenen „Schlafgehers" in der Zwischenzeit von einem Familienglied benützt wird, das sonst in der gemeinsamen Schlafstube zu nächtigen pflegt.[4]) Die Verpflichtung des Mieters zur Zinszahlung hört aber nach Satz 3 des § 552 überhaupt auf, wenn der Vermieter durch Ueberlassung des Gebrauches an einen Dritten außerstande ist, dem Mieter den Gebrauch zu gewähren, also insbesondere dann, wenn der neue Vertrag nicht jederzeit lösbar und die Sache nicht sofort dem ersten Mieter auf Wunsch zur Verfügung gestellt werden kann.[5]) Das Aufhören der Mietzinspflicht wird man trotz des Wortlautes des Satzes 3 auch dann anzunehmen haben, wenn der Vermieter sich durch eigenen Gebrauch der Sache dauernd außerstand setzt, sie dem Mieter in vertragsgemäßer Weise zu überlassen.[6]) Wann dies der Fall ist, ist nach der konkreten Sachlage zu beantworten.

---

[1]) Aehnlich Arnold S. 83/3; Kohler, Lehrbuch II § 74 S. 203 Anm. 3.

[2]) Dernburg II S. 194 § 219; Arnold S. 82; Brückner S. 85 Anm. 3.

[3]) Lucrum emergens!

[4]) Einen den Mietzins des ursprünglichen Mieters übersteigenden Betrag braucht er natürlich nicht herauszugeben, da er nicht negotiorum gestor des Mieters ist, s. Oertmann, Komm. Bem. 3 zu § 552 S. 503. — Eine Pflicht des Vermieters, während der Verhinderung des Mieters für anderweite Verwertung Sorge zu tragen, hat das Gesetz nicht statuiert, Oertmann a. a. O.; Staudinger-Kober Bem. 3 zu § 552; KG. Berlin in Rechtspr. d. OLG. X S. 254; Brückner S. 85 Anm. 3; Arnold S. 83.

[5]) Motive II S. 399/400; OLG. Karlsruhe im „Recht" VII S. 482; Brückner S. 86 Anm. 1.

[6]) Mittelstein S. 150 Anm. 12; derselbe in DJZ. IX S. 447.

Die Anrechnung selbst erfolgt auf den Mietzins. Zweifel können entstehen, wenn sich die vom Mieter an den Vermieter bezahlte Entschädigung auch auf andere Leistungen als bloß auf die mietweise Ueberlassung des Gebrauches einer Sache bezieht. Dies ist z. B. der Fall bei der Miete von möblierten Zimmern mit Beköstigung („voller Pension") gegen einen einheitlichen Preis Hier ist zunächst festzustellen, wie viel von dem Pensionspreis als Mietzins erscheint und wie viel als Aequivalent für die Beköstigung; nur der erste Betrag ist nach § 552 fortzuentrichten, bis der Mietvertrag sein Ende findet, und nur er kommt für eine eventuelle Anrechnung gemäß § 552 in Betracht.[1])

Die vorgetragenen Grundsätze über die Anrechnung finden zufolge der allgemeinen Verweisungsvorschrift in § 581 II BGB. auch Anwendung auf den Pachtvertrag. Für diesen ist übrigens zu beachten, daß der Verpächter unter Umständen zur Ingebrauchnahme der Sache nicht bloß berechtigt, sondern sogar verpflichtet ist, sei es auf Grund ausdrücklicher oder auch nur stillschweigender Vereinbarung (§ 242.).[2])

Was den rechtlichen Charakter des Vergütungsanspruchs betrifft, so kann es sich auch hier, wie in § 324, nicht um einen Schadensersatzanspruch handeln. Der Mietvertrag soll ja seinem ganzen Umfange nach aufrecht erhalten werden und deshalb kann sich, wie übrigens auch der Wortlaut des § 552 Satz 1 bestätigt, der Anspruch des Vermieters nur als vertraglicher darstellen.[3])

§ 3.

§§ 615, 616, 617 BGB.

Zu den praktisch wichtigsten Fällen der Anrechnung gehören die Fälle der Anrechnung im Dienstvertrag. Es kann wohl nicht im Sinne dieser Abhandlung liegen, die maßgebenden Gesetzesstellen als Voraussetzungen der Anrechnung in umfassender Weise und unter vollständiger Berücksichtigung der immer von neuem auftauchenden Streitfragen über ihre Tragweite zu erörtern. Auch muß darauf verzichtet werden, des nähern auf die einschlägigen Bestimmungen der Gewerbeordnung und ihre Reflexbeziehungen zum BGB. einzugehen. Nur kurze Verweisungen mögen hier genügen.

---

[1]) S. hiezu Josef in Gruchot 49. Jahrg. S. 737 ff., insbes. S. 746 ff.

[2]) So mit Recht Kohler im Archiv Bd. 71 S. 397, insbes. S. 399; vgl. auch Staudinger-Kober Bem. B III 1 zu § 536 S. 216 und Dernburg II § 219 I Anm. 1 S. 194.

[3]) Oertmann, B.-A. S. 40; Walsmann S. 69; Oertmann, Komm. Bem. 2 zu § 552 S. 502.

Im einzelnen sei folgendes bemerkt:

I. § 615[1]). Er lautet:

„Kommt der Dienstberechtigte mit der Annahme der Dienste in Verzug, so kann der Verpflichtete für die infolge des Verzuges nicht geleisteten Dienste die vereinbarte Vergütung verlangen, ohne zur Nachleistung verpflichtet zu sein. Er muß sich jedoch den Wert desjenigen anrechnen lassen, was er infolge des Unterbleibens der Dienstleistung erspart oder durch anderweitige Verwendung seiner Dienste erwirbt oder zu erwerben böswillig unterläßt."

Hiernach regelt § 615 die Rechtsfolgen der durch den Annahmeverzug des Dienstberechtigten eingetretenen tatsächlichen Nichtleistung der Dienste. Wann nun der Dienstberechtigte mit der Annahme der Dienste in Verzug kommt, bemißt sich in Ermangelung besonderer Vorschriften nach den §§ 293 ff.[2]) Im einzelnen Falle ist die Entscheidung dieser Frage eine außerordentlich schwierige, namentlich mit Rücksicht auf die Bestimmungen des BGB. über Unmöglichkeit der Leistung. Soviel ist unbestritten, daß Annahmeverzug ein Verschulden des Gläubigers nicht erfordert. Das BGB. hat die im gemeinen Rechte herrschende Streitfrage im Anschluß an die von Kohler[3]) inaugurierte Lehre in dieser Richtung entschieden. Nun nimmt jedoch Kohler[4]) und ihm folgend verschiedene andere Schriftsteller Annahmeverzug des Gläubigers auch dann als möglich an, wenn aus einem in der Person des Gläubigers liegenden Grunde nicht bloß subjektive Unmöglichkeit der Annahme, sondern durch denselben Umstand auch objektive Unmöglichkeit der Leistung eintritt. Ich kann dies nicht für richtig halten. Zunächst widerspricht es schon den Denkgesetzen, da von einem Annahmeverzug zu sprechen, wo überhaupt (zufolge des § 275 I) eine Leistungspflicht des Schuldners nicht mehr besteht; was aber nicht geleistet werden kann, vermag auch nicht angeboten zu werden. Außerdem steht die bekämpfte Anschauung nicht im Einklange mit der Vorschrift des § 297, wonach der Gläubiger nicht in Verzug kommt, wenn der Schuldner zur Zeit des Angebotes „außerstande" ist, die Leistung zu bewirken. Das Gesetz unterscheidet

---

[1]) Die Anschauung Fischers im „Recht" VII S. 335, daß § 615 dann nicht anwendbar sei, wenn der Arbeitgeber unter einem angeblich wichtigen — in Wirklichkeit aber nicht vorhandenen — Grunde kündigt, weil eben der Arbeitnehmer keinen Anspruch auf Leistung der Dienste habe, ist unmöglich richtig. Denn was Fischer für seine Meinung vorbringt, berechtigt noch lange nicht zu der Folgerung, daß es dem Arbeitgeber jederzeit frei stehe, den Vertrag zu lösen und den Arbeitnehmer auf einen bloßen Entschädigungsanspruch zu verweisen. Wie hier auch Meyer im Recht VII S. 356 und Böhm eod S. 479.

[2]) OLG. Darmstadt im „Recht" VII S. 339.

[3]) Iherings Jahrb. f. Dogmatik XVII S. 261 ff.

[4]) Im Archiv für bürgerl. Recht XIII S. 200, 259; ferner in seiner Enzyklopädie I S. 653 ff., 684; endlich im Lehrbuch II § 75 S. 199 und S. 349; vgl. Crome, System II § 163 Nr. 32 S. 149; Endemann I § 174 Anm. 24 S. 1092.

hierbei nicht nach dem Grunde der Behinderung des Schuldners; warum sollte daher das „Außerstandesein" des Schuldners nicht begründet sein dürfen mit einem in den Verhältnissen des Gläubigers liegenden Umstand? Nach alledem wird man zu dem Ergebnis kommen müssen, daß Annahmeverzug und Unmöglichkeit der Leistung unvereinbare Gegensätze bilden, daher auch nebeneinander auf Grund einer und derselben Tatsache nicht zu bestehen vermögen.[1] Dies ist namentlich zu betonen für diejenigen Rechtsgeschäfte, bei denen die Erfüllungszeit einen derart wesentlichen Bestandteil der Leistung bildet, daß die Erfüllung zu einer andern Zeit als eine ganz andere Leistung erscheint. Will oder kann der Gläubiger eine solche Leistung an dem vereinbarten Zeitpunkte nicht annehmen, so wird sie eben überhaupt unmöglich;[2] der etwa vorhandene Annahmeverzug dauert nur einen Moment und wird schon im nächsten Augenblicke durch den Eintritt der Unmöglichkeit der Leistung konsumiert, so daß also § 324 Abs. II angezogen werden muß.

Nach dem Vorgetragenen sind also m. E. lediglich die §§ 323 ff. anzuwenden, wenn der Zögling, für den ein Hauslehrer auf drei Jahre engagiert ist, schon im ersten Monate stirbt; wenn ein plötzlich eingetretener Oktoberfrost die Fortführung des begonnenen Baues hindert;[3] wenn die Fabrik ein Raub der Flammen wird.[4] Wenn dagegen der Dienstberechtigte den Dienstverpflichteten ohne Grund vorzeitig entläßt, ist nach den Umständen des Falles zu entscheiden, ob Unmöglichkeit der Leistung vorliegt.[5] Leistungsunmöglichkeit wird hier namentlich da gegeben sein, wo es sich um eines jener vorerwähnten Fixgeschäfte handelt. Das Vorhandensein eines solchen aber ist in der Regel — trotz gegenteiliger Behauptung der Motive[6] — nicht anzunehmen.[7][8]

---

[1]) Zustimmend Dernburg I § 75 I 2 S. 179, II § 306 III S. 445; Oertmann, Komm. Bem. 3b zu § 293 S. 117, Bem. 2d zu § 615 S. 602, Bem. 3aβ zu § 644; Krückmann, Institutionen S. 211; Titze S. 21 ff., insbes. Anm. 36, 38; derselbe in KrVJSchr. Bd. 45 S. 346, 348; Rosenberg S. 163/164; Dochnahl S. 310; Krahmer § 14 S. 130; Sigel S. 51/52 insbes. Anm. 5; Josef S. 746; Gustav Rümelin S. 82; Bonn S. 6; Oertmann in Kohlers Archiv Bd. 22/1903 S. 332/333; Block S. 2; ferner bezüglich der absoluten Unmöglichkeit auch Kisch S. 80 Anm. 16; derselbe in GrünhutsZ. Bd. 29 S. 528/529; derselbe in KrVJSchr. Bd. 44 S. 513; endlich auch anscheinend Enneccerus-Lehmann I § 280 III 2 S. 672 und 673 Anm. 2 gegen Ende (vgl. hiegegen a. a. O. § 203 S. 495 Anm. 1!).

[2]) Planck, Vorbem. zu §§ 275 ff. Ziff. 2, Bem. 5 zu § 275 S. 72 oben, Bem. 5 zu § 326 (nicht § 325, wie bei § 361 Bem. 1 fälschlich zitiert ist!); ferner die bei Rosenberg, JheringsJ. Bd. 43 S. 143 zitierten!

[3]) Kisch S. 47.

[4]) Staub Bem. 8 zu § 63 HGB. S. 262 und andere.

[5]) Fuld in Bl. f. RA. Bd. 58 S. 53.

[6]) Bd. II S 461; vgl. auch Gustav Rümelin S. 241.

[7]) Sigel S. 73 Anm. 19.

[8]) Eine Konkurrenz von §§ 614 und 324 nehmen an Mayer im GewGer. IX S. 107 ff.; Staudinger-Kober Bem. III 2 c zu § 615 S. 405; OLG. Darmstadt in „Recht" VII S. 339.

Eine andere, lebhaft erörterte Frage ist die, ob der zu Unrecht entlassene Dienstverpflichtete seine Dienste noch besonders anbieten muß, um den Gläubiger in Annahmeverzug zu versetzen oder zu erhalten und sich dadurch die Ansprüche aus § 615 zu sichern. Mit Rücksicht auf Treu und Glauben im Verkehr wird man m. E. unbedingt zu einer Verneinung dieser Frage kommen müssen.[1])

Bezüglich der Anrechnungsgegenstände selbst stimmt § 615 mit § 324 überein. Es mag also genügen, in dieser Hinsicht auf die Erörterungen zu § 324 zu verweisen. Nur das sei des Zusammenhanges wegen nochmals erwähnt, daß es gleichgültig ist, ob der anderweite Erwerb durch eine andersgeartete Arbeit gemacht wird als gerade die vertragsmäßig ausbedungenen Dienste waren.[2]) Auf der andern Seite ist jedoch zu betonen, daß nur derjenige Teil der Arbeitskraft in Betracht kommt, der dem Dienstberechtigten nach dem Vertrage zur Verfügung gestellt werden muß.[3]) Nicht anrechnungsfähig ist also z. B., was der Lohnschreiber abends im Wirtshaus durch Klavierspielen verdient.

Die Anrechnung geschieht auf die vereinbarte Vergütung. Darunter ist jedenfalls der Teil der Vergütung zu verstehen, der nach dem Vertrage für die Zeit seit Eintreten des Annahmeverzuges von dem Dienstberechtigten zu entrichten gewesen wäre, wenn die Dienste wirklich geleistet worden wären. Ist also der Dienstberechtigte zugleich noch im Rückstande mit dem für die Zeit vor Beginn des Annahmeverzuges geschuldeten Lohne, so ist hierauf eine Anrechnung ausgeschlossen. War der Lohn für die ganze vertragsmäßige Dienstzeit einheitlich bemessen, so ist rechnerisch zu ermitteln, wieviel hiervon auf die Zeit vor dem Annahmeverzug entfällt, weil auf diesen Betrag eine Anrechnung nicht möglich ist.

Lege non distinguente ist der anderweitige Verdienst anzurechnen auf die für die ganze Dauer des Annahmeverzuges geschuldete Vergütung, nicht nur auf denjenigen Teil, der dem Zeitabschnitte entspricht, innerhalb dessen der anderweitige Erwerb gemacht wurde.[4])

Zu erwähnen ist nur noch, daß der Dienstverpflichtete den neuen Arbeitsvertrag nicht auf Rechnung des früheren Dienstberechtigten

---

[1]) So namentlich Römer in DJZ. 1903 S. 340. — Vgl. auch Staub Bem. 1 zu § 70 HGB.; (A. M.!): OLG. Kassel in Rechtspr. der OLG. X S. 179 und (dieselbe Entscheidung!) in SeuffA. Bd. 60 Nr. 104; OLG. Kiel in SeuffA. Bd. 59 Nr. 91 S. 163; OLG. Breslau in GewGer. X S. 367; Sigel S. 76 Anm. 32 und S. 51; Bonn S. 8/9.

[2]) Lotmar S. 267; Bonn S. 12, der mit Recht hervorhebt, daß die von § 324 abweichende Fassung des § 615 keinen Unterschied zu begründen vermag; Kisch S. 90/91 und Oertmann, Komm. Bem. 2 zu § 615 S. 599/600; AM. OLG. Karlsruhe in DJZ. X S. 364.

[3]) RGE. Bd. 58 S. 402 ff.; RG. in JW. 1903 Beilage S. 90/100; Kohler, Lehrb. II § 74 S. 204; Oertmann, Komm. Bem. 2a zu § 615 S. 599 unten.

[4]) RGE. Bd. 58 S. 402; Kohler, Lehrb. II § 74 S. 204; Oertmann, Komm. Bem. 2b zu § 615 S. 600.

abschließt, daher diesem ein etwaiges plus des anderweiten Erwerbes nicht zugute kommt.

Fragen wir nun nach der rechtlichen Natur des nach § 615 dem Dienstverpflichteten gewährleisteten Anspruches, so kann es sich hier ebenfalls nur entweder um einen Schadensersatzanspruch oder um den vertragsmäßigen Leistungsanspruch handeln. Die Entscheidung selbst kann nur im letzteren Sinne ausfallen. Dies ergibt sich schon aus dem Wortlaute des Paragraphen selbst, insbesondere aber auch aus dem vom Gesetzgeber festgehaltenen allgemeinen Grundsatze, daß Annahmeverzug für die Regel wenigstens — abgesehen von § 304 — einen Schadensersatzanspruch nicht auszulösen vermag.[1]) Der Dienstvertrag wird also nicht aufgehoben und, abgesehen von der Befreiung des Dienstverpflichteten zur Nachholung der Dienste, auch nicht modifiziert. Das Vertragsverhältnis dauert fort. Sein naturgemäßes Ende tritt ein durch Kündigung, wobei jedoch zu beachten ist, daß ungerechtfertigte Entlassung des Dienstverpflichteten als Kündigung für den nächsten gesetzlich zulässigen Kündigungstermin aufzufassen ist.[2])

Aus allgemeinen Grundsätzen[3]) ergibt sich, daß dem Dienstberechtigten während der ganzen Vertragszeit das Recht der purgatio morae zusteht. Er kann die Folgen des § 615 beseitigen,[4]) wenigstens für die Zukunft, dadurch daß er sich dem Dienstverpflichteten gegenüber zur Annahme der Dienste bereit erklärt. Eine Ausnahme hiervon ist nur dann zu machen, wenn man dem Arbeiter vernünftiger Weise die Fortsetzung der Dienste nicht zumuten kann (z. B. weil er von dem Dienstberechtigten gröblich mißhandelt worden war). Von einer purgatio morae kann man nicht sprechen, wo zwar derselbe Dienstberechtigte, aber ein ganz neues Arbeitsverhältnis in Frage steht; hier liegt eben dann ein neuer Dienstvertrag vor, hinsichtlich dessen dann § 615 S. 2 maßgebend ist für die Frage, ob der Dienstverpflichtete die Arbeitsgelegenheit ablehnen darf, ohne sich den Vorwurf der Böswilligkeit zuzuziehen.[5])

---

[1]) Zustimmend Oertmann, Komm. Bem 2a zu § 615 S. 599; derselbe, B.-A. S. 37 ff., Walsmann S. 69; Crome, part. Rechtsgesch. S. 197; Sigel S. 77/78 und 109; Bonn S. 6 ff. und 81; Fuld in Bl. f RA Bd 68 S. 53; A. M. Blume im Recht 1902 Nr 4 S. 8.

[2]) Sigel S. 165. — Einen Beendigungsgrund für den ersten Vertrag will Bonn S. 9, 11 finden in dem Eingehen eines neuen Arbeitsverhältnisses. Ich vermag nicht einzusehen, aus welchem Grunde. Denn sonst müßte, wenn man auch nicht den Fall des § 615 setzt, es überhaupt nicht möglich sein, schon von vorneherein zwei Dienstverträge abzuschließen. Zustimmend Oertmann, Komm. Bem. 2c3 zu § 615 S. 601.

[3]) Oertmann, Komm. Vorbem. 2b zu § 293 S. 116; Staudinger-Kuhlenbeck Bem. 5 S. 115 zu § 293; Rosenberg S. 296; Sigel S. 80.

[4]) Die im Ergebnis richtige Entscheidung des GewGer. Charlottenburg (GewGer. VIII Nr. 69 S. 188) spricht hier irrig von einem „Entschädigungsanspruche" des zu Unrecht entlassenen Arbeiters, der zufolge des § 254 BGB. wegfalle, wenn der Arbeiter ohne Grund die nachträgliche Aufforderung zur Weiterarbeit ablehnt.

[5]) S. Thiesing im „Recht" 1902 S. 369; ferner Frankenberg in DJZ. 1903 S. 195 ff.

Aus dem Vorausgegangenen löst sich auch die Frage, ob der Anspruch aus § 615 der Beschlagnahme nach § 1 des Lohnbeschlagnahmegesetzes unterliegt. Ist der Anspruch aus § 615 kein Schadensersatzanspruch, sondern der Anspruch auf den Lohn nach § 611 BGB., so muß er auch in dieser Beziehung gleich behandelt werden wie der verdiente Lohn.[1])

Aus der rechtlichen Natur des Vergütungsanspruchs nach § 615 ergibt sich auch, daß er fällig wird, wie wenn wirklich die Dienste geleistet worden wären.[2])[3])

II. § 616.[4])

Er enthält einen weitern, wichtigen Fall der Anrechnung in der Lehre vom Dienstvertrag, indem er bestimmt:

„Der zur Dienstleistung Verpflichtete wird des Anspruches auf die Vergütung nicht dadurch verlustig, daß er für eine verhältnismäßig nicht erhebliche Zeit durch einen in seiner Person liegenden Grund ohne sein Verschulden an der Dienstleistung verhindert wird. Er muß sich jedoch den Betrag anrechnen lassen, welcher ihm für die Zeit der Verhinderung aus einer auf Grund gesetzlicher Verpflichtung bestehenden Kranken- oder Unfallversicherung zukommt."

Sein Fehlen im Gesetze würde nach § 323 den Verlust des Lohnanspruches für den Dienstverpflichteten zur Folge haben. Sozialpolitische Rücksichten und Gründe der Humanität — wie sich die Motive ausdrücken — führten zu seiner Aufnahme in das Gesetz.

Das Fortbestehen des Anspruches nach § 616 setzt vor allem voraus, daß die Unmöglichkeit der Dienstleistung ihren Grund hat in einem in der Person des Dienstverpflichteten liegenden Umstande. Hierzu dürfte es richtiger Ansicht nach genügen, wenn der Grund der Verhinderung in der Sphäre des Dienstverpflichteten

---

[1]) So Sigel S. 109; Oertmann, Komm. Bem. 2a zu § 615 S. 599. And. Meinung Frankenberg in GewGer. VI S. 81 und DJZ. 1903 S. 195.

[2]) Sigel S. 79.

[3]) Ueber die Anrechnung bei partiarischen Dienstverträgen s. Crome, part. RG. S. 209/210.

[4]) Nach der herrschenden und m. E. auch richtigen Ansicht gilt § 616 subsidiär auch gegenüber dem Handelsrecht und der Gewerbeordnung; vgl. hiezu Schallhorn im GewGer. IV S. 77 ff.; Frankenberg, ebenda S. 101; Bonn S. 16. — Wegen der Unanwendbarkeit der §§ 615 und 616 auf die Beamten der öffentlichen Körperschaften s. Kohler, Lehrb. II § 130 S. 343. — Bezüglich des Verhältnisses des § 616 zu §§ 135 gewerbl. UVG., 146 land- u. forstw. UVG. und § 45 II Bau-UVG. kommt Weber in DJZ. VII S. 199 zu dem Schlusse, daß § 616 bei Betriebsunfällen durch die eben genannten Bestimmungen außer Geltung sei und § 135 gewerbl. UVG. 2c. als leges speciales vorzugehen hätten. Diese Anschauung dürfte kaum zu billigen sein, da die fraglichen Paragraphen lediglich die Ansprüche auf Ersatz des Schadens gegen den Betriebsunternehmer beschränken, in § 616 — wie später zu zeigen — jedoch nur vertragliche Ansprüche in Rede stehen; auch die Tendenz der betreffenden Bestimmungen nötigt keineswegs zu einer extensiven Interpretation; die Höhe des Anspruches auf die Vergütung ist ja vertragsmäßig festgesetzt, sodaß Streitigkeiten in dieser Richtung zwischen Arbeitgebern und Arbeitern wohl kaum denkbar sind.

überhaupt liegt. Hierher gehören Erkrankung und Unfälle, die den Dienstberechtigten selbst betreffen, schwere Erkrankung und Tod von Angehörigen; dann aber auch Einberufung zu militärischen Uebungen (— und zwar auch zu Beförderungsübungen! —), Besuch der Kontrollversammlung, Ausübung staatsbürgerlicher Rechte und Pflichten (Wahlrecht,[1]) Schöffen- und Geschworenendienst); Verheiratung des Dienstpflichtigen; Aufsuchen einer neuen Stelle (§ 629).[2])

Wann die Verhinderung von dem Dienstpflichtigen selbst verschuldet, demnach der Vergütungsanspruch aus § 616 ausgeschlossen ist, bestimmt sich nach § 276.[3]) Auch sittliches Verschulden fällt hierher, insbesondere Erkrankung durch außerehelichen Geschlechtsverkehr.[4])

Weitaus größere Schwierigkeiten bietet die Auslegung der Worte „für eine verhältnismäßig nicht erhebliche Zeit". Eine für alle Fälle sich eignende Erläuterung dieses Begriffes wird sich wohl schwerlich geben lassen.[5]) Die Entscheidung muß nach Lage der Sache geschehen.[5])[6]) Ein weiteres Eingehen auf die allenfalls zu berücksichtigenden Gesichtspunkte verbietet sich an dieser Stelle.

Im übrigen setzt die Anwendung des § 616 voraus, daß das Dienstverhältnis noch fortbesteht. Er bezieht sich also nicht auf die Fälle, wo die Arbeitsunfähigkeit eines hierwegen gemäß § 123 I Ziff. 8 der GewO. entlassenen Arbeiters nur eine vorübergehende war. Das ergibt sich in Ermangelung einer dem Satz 4 des § 617 Abs. I entsprechenden Vorschrift schon aus dem Wortlaut des § 616. Denn nach Auflösung des Dienstvertrages kann man von einem „zur Dienstleistung Verpflichteten", der seinen Vergütungsanspruch behalten soll, nicht sprechen.[7])

Zweifelhaft ist, ob § 616 auch dann anzuwenden ist, wenn die Diensthinderung eintritt zufolge eines außerhalb der Person des Dienstpflichtigen liegenden Ereignisses. Die Meinungen hierüber sind geteilt. Die gesetzgeberischen Verhandlungen haben sich wohl

---

[1]) So schon Sigel S. 58/59; Frankenberg, GewGer. IV S. 101 ff.

[2]) Bezüglich der Frage, ob der Dienstpflichtige auch für diejenige Zeit Lohnanspruch hat, während deren er eine Klage gegen den Arbeitgeber bei der Gerichtsschreiberei erklärt, s. GewGer. XI S. 130.

[3]) Auch § 278 ist anwendbar! And. Meinung Oertmann, Komm. Bem. 1c zu § 616, der den Nachdruck auf das Wort „sein Verschulden" legt; das Verschulden der in § 278 aufgeführten Personen gilt aber als „eigenes Verschulden".

[4]) Oertmann, Komm. Bem. 1c zu § 616 S. 604. Die gegenteilige Ansicht Bonns S. 18 wird weder den in Arbeitgeber- noch Arbeitnehmerkreisen herrschenden Anschauungen gerecht.

[5]) S. Bonn S. 18 ff. und die bei Staudinger-Kober Bem. III 3 zu § 616 zitierten!

[6]) Zu den bei Bonn S. 18 ff. und Sigel S. 59 zitierten Gewerbegerichtsurteilen s. neuerdings GewGer. IX S. 295, 171; X S. 163.

[7]) So Staudinger-Kober Bem. Ic zu § 616 S. 407 im Anschluß an Sigel S. 186; ferner neuestens GewGer. Stuttgart im GewGer. IX S. 282.

mit der Streitfrage befaßt, eine Entscheidung aber absichtlich vermieden. Ich glaube, man wird sich wegen der sozialpolitischen Tendenz des Paragraphen, dann aber auch per arg. a maj. ad minus für seine Anwendbarkeit aussprechen müssen,[1]) wenn nur die sonstigen Voraussetzungen gegeben sind.

Auf den Vergütungsanspruch — und zwar auch wenn nach dem Stücke gelohnt wird,[2]) — wird nach dem Wortlaute des § 616 angerechnet der Betrag, welcher dem Dienstverpflichteten für die Zeit der Verhinderung aus einer auf Grund gesetzlicher Verpflichtung bestehenden Kranken- oder Unfallversicherung zukommt. Hier sind maßgebend insbesondere das Reichs-Krankenversicherungs- und die verschiedenen Unfallversicherungsgesetze. Als Versicherung auf Grund gesetzlicher Verpflichtung gilt auch eine zufolge Ortsstatut eingeführte Zwangsversicherung. Aber immer muß es sich um eine Versicherungs p f l i c h t handeln.[3]) Auch die unter § 75 des KrVG. fallenden eingeschriebenen Hilfskassen gehören hierher.[4]) Als anrechnungsfähige Beträge erscheinen hauptsächlich das Krankengeld (— auch bei Krankenhausverpflegung kommt lediglich das Krankengeld, das zu entrichten wäre, in Anrechnung[5]) —!), aber auch z. B. die Beträge aus § 7 Abs. II KrVG.

Mit der herrschenden Lehre[6]) ist daran festzuhalten, daß andere als die in § 616 aufgezählten Einkünfte auf die Vergütung nicht anzurechnen sind, also insbesonders nicht militärischer Sold, Familienunterstützung auf Grund des Reichsgesetzes vom 10. Mai

---

[1]) Zustimmend Dernburg II 2. Teil § 305 III S. 445; Endemann § 174 Anm. 28 b S. 1093; Matthiaß I § 122 S. 585; Schollmeyer, Einz. Schuldv. S. 95; Krahmer § 14 S. 132. — And. Meinung Planck Bem. 5 zu § 615; Sigel S. 56 (wenigstens teilweise); Kober Bem. III 1 b zu § 616; Koppen S. 10; Titze S. 295. — Vermittelnd Staudinger-Kober Bem. III 1 b zu § 616 und nunmehr auch Oertmann Bem. 1 b zu § 616 S. 603/604.

[2]) Gustav Rümelin S. 173 ff. will den § 616 auch für Werkverträge gelten lassen; ebenso Dernburg II 2. Teil § 304 S. 439.

[3]) Weyl S. 450 Anm. 8. — Derartige statutarische Vorschriften sind z. B. möglich nach Art. 2 Abs. II des bayer. AG. zum KrVG. v. 26. Mai 1892.

[4]) AM. Landmann-Rohmer Bd. II Bem. 8 c zu § 133 c S. 276.

[5]) Landmann-Rohmer a. a. O. Nach dem Wortlaute des § 616 wäre es an sich denkbar, daß zur Anrechnung zu bringen sei (natürlich nach Abschätzung in Geld!) alles dasjenige, was dem Dienstpflichtigen auf Grund des § 6 Ziff. 1 des KrVG. zukommt, so z. B. der Wert der ärztlichen Behandlung, der Arzneien, Heilmittel usw. Ein derartiges Verfahren wäre jedoch nicht zu billigen; es würde weit über die Tendenz der gesetzlichen Anrechnungsbestimmung hinausgehen und im praktischen Ergebnisse in den allermeisten Fällen dahin führen, den Vergütungsanspruch des Verpflichteten aus § 616 bei vorübergehender Erkrankung überhaupt illusorisch zu machen, da der Wert dieser Gegenstände wohl jedesmal der Höhe des Lohnes zum mindesten gleichkommen würde.

[6]) Gegen Bonn S. 34 ff. Wie hier Oertmann, Komm. Bem. 2 zu § 616 S. 605; Planck Bem. 3 c zu § 616; Staudinger-Kober Bem. IV b zu § 616; Sigel S. 66; Staub Bem. 8 zu § 63 HGB. S. 262; Makower Bem. III zu § 63 HGB.; Koppen S. 8. — AM. Dernburg II 2. Teil § 305 S. 446 und neuerdings wieder GewGer. Cannstatt in GewGer. X S. 295.

1892,[1]) Gebühren als Zeuge oder Sachverständiger,[2]) Entschädigung für unschuldig erlittene Untersuchungshaft, ebenso wenig die Ansprüche aus dem Invalidenversicherungsgesetze.[3])

Zum Schlusse der analytischen Erörterungen über § 616 erübrigt es, noch kurz festzustellen, daß wir es hier ebenso wie in den vorauf behandelten Paragraphen mit einem Anspruch vertraglicher Natur zu tun haben; es genügt auf die früheren Erörterungen zu verweisen.[4])[5]) Nach dem Charakter einer Lohnforderung genießt er auch alle Privilegien einer solchen.

III. § 617.[6])

Er lautet:

„Ist bei einem dauernden Dienstverhältnisse, welches die Erwerbstätigkeit des Verpflichteten vollständig oder hauptsächlich in Anspruch nimmt, der Verpflichtete in die häusliche Gemeinschaft aufgenommen, so hat der Dienstberechtigte ihm im Falle der Erkrankung die erforderliche Verpflegung und ärztliche Behandlung bis zur Dauer von sechs Wochen, jedoch nicht über die Beendigung des Dienstverhältnisses hinaus, zu gewähren, sofern nicht die Erkrankung von dem Verpflichteten vorsätzlich oder durch grobe Fahrlässigkeit herbeigeführt worden ist. Die Verpflegung und ärztliche Behandlung kann durch Aufnahme des Verpflichteten in eine Krankenanstalt gewährt werden. Die Kosten können auf die für die Zeit der Erkrankung geschuldete Vergütung angerechnet werden. Wird das Dienstverhältnis wegen der Erkrankung von dem Dienstberechtigten nach § 626 gekündigt, so bleibt die dadurch herbeigeführte Beendigung des Dienstverhältnisses außer Betracht.

Die Verpflichtung des Dienstberechtigten tritt nicht ein, wenn für die Verpflegung und ärztliche Behandlung durch eine Versicherung oder durch eine Einrichtung der öffentlichen Krankenpflege Vorsorge getroffen ist."

Schon aus den Eingangsworten des Paragraphen ergibt sich daß es sich um ein Dienstverhältnis von ganz besonderem Charakter handelt.[7])

---

[1]) And. Meinung GewGer. Cannstatt in GewGer. IX S. 295.

[2]) Ueberhaupt gegen die Anwendung des § 616 für die Fälle der Vernehmung des Dienstpflichtigen als Zeugen vor Gericht ist Rönnberg S. 167 ff.

[3]) Weyl S. 450/451 Anm. 8; Oertmann, Komm. Bem. 2c zu § 616 S. 605.

[4]) Oertmann Bem. 2c zu § 616; Walsmann S. 69/70; Ebert S. 25; für die Vertragsnatur des entsprechenden § 63 HGB. auch Makower Bem. III zu § 63.

[5]) Bezüglich des zweifellos dispositiven Charakters des § 613 f. Rönnberg S. 172/173; Koppen S. 5; Staub Bem. 8 zu § 63 S. 262; and. Meinung Nelken in DJZ. IX S. 211.

[6]) Zu diesem Paragraph vgl. außer den Erörterungen bei Bonn S. 39—57 insbes. die Abhandlung von Schultzenstein in Kohlers Archiv f. bürgerl. Recht 1904 S. 209 ff. (auch Würzburger Diss. von 1903). Mit Rücksicht hierauf mag es genügen, im folgenden nur die wichtigsten Gesichtspunkte, die sich bei der Auslegung des § 617 ergeben, kurz zu berühren.

[7]) Für das Eintreten der Krankenverpflegungspflicht ist erforderlich, aber auch genügend, daß die tatsächlichen Voraussetzungen des § 617 gegeben sind,

Es muß vor allem sein ein „dauerndes“. Fraglos ist damit gemeint ein solches von längerer Dauer. Wann dies vorliegt, ist Tatfrage. Maßgebend ist, ob die ausgesprochene oder nach den gewöhnlichen Regeln des Lebens zu interpretierende Absicht der Kontrahenten dahin ging, daß der Dienstverpflichtete seine Dienste dem Berechtigten für längere Zeit (im Gegensatze zu vorübergehend!) zur Verfügung zu stellen habe,[1]) sei es daß diese Absicht schon bei Abschluß des Vertrages vorhanden war oder aber sich während des Vertrages ergibt.[2])

Das Dienstverhältnis, das sich nach dem eben Gesagten als dauerndes qualifiziert, muß weiterhin die Erwerbstätigkeit des Verpflichteten vollständig oder hauptsächlich in Anspruch nehmen, mag dieser auch seinen Haupterwerb anderswoher beziehen (z. B. Rentengenuß!). Ob ein Dienstvertrag diesen Anforderungen genügt, ist Sache der richterlichen Auslegung.

Auch bezüglich des Erfordernisses der Aufnahme in die „häusliche Gemeinschaft“ gibt das Gesetz keine bestimmten Kriterien. Anhaltspunkte können sein Wohnen im Hause des Berechtigten mit Bezug der Beköstigung.[3])

Die Fürsorgepflicht des Dienstverpflichteten nach § 617 tritt ein, wenn der Dienstberechtigte erkrankt,[4]) d. h. krank wird.[5]) Zu gewähren ist die erforderliche ärztliche Behandlung und Verpflegung. Was „erforderlich“ ist, regelt sich nach den Verhältnissen des Einzelfalles. Eine bestimmte Maximalgrenze für die Verpflichtung des Dienstberechtigten ist nicht gezogen in dieser Hinsicht; daher auch sehr schwierige Operationen hierher fallen, auch wenn sie mit außerordentlichen Kosten verbunden sind.

Dagegen ist die Fürsorgepflicht der Zeit nach eine begrenzte: sie endet mit dem Ablaufe der sechsten Woche, beginnend von dem Momente an, wo Verpflegung bzw. ärztliche Behandlung auf Veranlassung des Dienstberechtigten eintritt. Sie hört schon früher

---

ohne daß der rechtliche Bestand des Dienstvertrages gewürdigt wird; Kohler, Lehrb. II § 134 S. 350.

[1]) Aehnlich Oertmann, Komm. Bem. 2a zu § 617 S. 606.

[2]) Damit dürfte wohl der von Bonn S. 44/45 eigens aufgezählte Fall der lediglich tatsächlich längeren Dauer der Dienste gedeckt sein!

[3]) Oertmann, Komm. Bem. 2c zu § 617; Staudinger-Kober Bem. III zu § 617.

[4]) Ueber den Begriff der Erkrankung s. Reger-Henle Bem. 23 zu § 1 des KrVG.; Reger, Entscheidungen Bd. 14 S. 244; Staudinger-Kober Bem. IV zu § 617; Schultzenstein S. 54; Kohler, Lehrb. II § 134 S. 351.

[5]) So die herrschende Lehre gegen Schultzenstein S. 51 ff., 56; OLG. Frankfurt, Entsch. d. OLG. IX S. 289; Bonn S. 48; Kohler, Lehrb. II § 134 S. 351 Anm. 3 und nunmehr auch Oertmann, Komm. Bem. 2d zu § 617 S. 607. — Doch vermag es die Anwendung des § 617 nicht auszuschließen, wenn der Keim zu der während der Dienstzeit ausgebrochenen Erkrankung in der Zeit vor Beginn des Vertragsverhältnisses gelegt wurde; s. OLG. Colmar im Recht IX S. 134. — Kausalität der Dienstbeschäftigung mit der Erkrankung wird nicht erfordert; Schultzenstein S. 57.

auf, wenn das Dienstverhältnis selbst vor Ablauf der 6 Wochen sein Ende nimmt, es müßte denn sein, daß dieses Ende durch eine vom Dienstberechtigten (anders, wenn vom Verpflichteten!) wegen der Erkrankung (nicht auch, wenn aus andern wichtigen Gründen!) erfolgte Kündigung gemäß § 626 BGB. herbeigeführt wird.

Der Dienstberechtigte kann die Fürsorgepflicht erfüllen[1]) durch Aufnahme des Erkrankten in eine zweckentsprechende Krankenanstalt. Das Wahlrecht entfällt, wenn der Krankheitszustand des Dienstverpflichteten die Unterbringung in eine Krankenanstalt sei es gebietet oder aber auch untersagt.[2])

Die Verpflichtung des Dienstberechtigten zur Verpflegung usw. ist überhaupt ausgeschlossen, wenn die Erkrankung vom Dienstverpflichteten selbst durch Vorsatz oder grobe Fahrlässigkeit verschuldet war. Weigert sich der Verpflichtete, sich einer Operation zu unterziehen, welche nach den Regeln der ärztlichen Wissenschaft als absolut gefahrlos zu erachten ist und nach dem gewöhnlichen Verlaufe mit Bestimmtheit Aussicht auf Besserung bietet, so kann man hierin wohl eine grobe Fahrlässigkeit erblicken.[3]) Die Fürsorgepflicht kommt weiter in Wegfall, wenn für die Verpflegung und ärztliche Behandlung, bzw. für Bezahlung eines entsprechenden Krankengeldes[5]) durch eine Versicherung — gleichgültig, ob öffentlich oder privat, wer die Beiträge bezahlt hat, der Berechtigte oder Dienstverpflichtete — oder durch eine Einrichtung der öffentlichen Krankenpflege gesorgt ist.[4])[6])

Der Anspruch des Dienstverpflichteten auf Fürsorge in Erkrankungsfällen gegen den Berechtigten ist kein Schadensersatzanspruch, wie sich schon aus der einfachen Erwägung ergibt, daß die Fürsorgeverpflichtung auch dann eintritt, wenn die Erkrankung durch den Dienstberechtigten weder verursacht noch verschuldet ist.[7]) Wir haben es vielmehr hier mit einer sozialpolitischen Legalobligation zu tun.[8])

Die Kosten dieser Verpflichtung hat der Dienstberechtigte zu tragen. Er darf sie jedoch auf die für die Zeit der Erkrankung dem

---

[1]) Facultas alternativa! s. Pescatore S. 154 Anm. 8, S. 289 Ziff. 5; Oertmann, Komm. Bem. 3b zu § 617 S. 608.

[2]) S. hiezu OLG. Colmar im Recht IX S. 134.

[3]) Zu der hier berührten Frage vgl. neuerdings RG. in JW. 1905 S. 201. — And. Meinung Bonn S. 54/55.

[4]) Zu vgl. die einschlägigen Bestimmungen der Reichsversicherungsgesetze; für Bayern auch Art. 12 und 21 des Armengesetzes vom 29. April 1869 in der Fassung vom 30. Juli 1899 mit Art. 2 Abs. I des bayer. AG. z. KrVG. vom 26. Mai 1892. — Nicht hieher gehören Einrichtungen der öffentlichen Armenpflege; Schultzenstein S. 83 Anm. 182, S. 90/91; Bonn S. 56.

[5]) Hilse im Recht 1902 S. 207.

[6]) Bezüglich des Gesindes s. auch EG. z. BGB. Art. 95; Cohn im Recht 1902 S. 392.

[7]) S. auch Bonn S. 52.

[8]) Schultzenstein S. 7 ff.; zustimmend Bonn S. 53 und Staudinger-Kober zu § 617.

Dienstverpflichteten geschuldete Vergütung anrechnen. Ob aber überhaupt eine Vergütung geschuldet wird, läßt sich aus § 617 nicht entscheiden. Das richtet sich vielmehr nach § 616. Nur auf den während der Zeit des Krankseins geschuldeten Lohn findet die Anrechnung statt. Dessen Höhe ergibt sich bald unmittelbar aus dem Vertrage, bald ist sie besonders rechnerisch zu ermitteln.[1])

Nur soviel bezüglich der Anrechnung nach § 617! Die übrigen hier einschlägigen Bemerkungen sind, weil mit dem Wesen der Anrechnung überhaupt zusammenhängend, in den systematischen Teil dieser Abhandlung zurückzustellen.[2])[3])

§ 4.

§ 649 BGB.

Der letzte Fall der Anrechnung, den wir hier zu behandeln haben, findet sich in § 649. Die Gesetzesstelle lautet:

„Der Besteller kann bis zur Vollendung des Werkes jederzeit den Vertrag kündigen. Kündigt der Besteller, so ist der Unternehmer berechtigt, die vereinbarte Vergütung zu verlangen; er muß sich jedoch dasjenige anrechnen lassen, was er infolge der Aufhebung des Vertrags an Aufwendungen erspart oder durch anderweitige Verwendung seiner Arbeitskraft erwirbt oder zu erwerben böswillig unterläßt."

Das Kündigungsrecht des Bestellers für jeden beliebigen Zeitpunkt bis zur Vollendung des Werkes erklärt sich aus der Stellung, die der Gläubiger im allgemeinen im BGB. einnimmt;[4]) wo nicht besondere Vorschriften vorhanden sind, ist es dem Gläubiger jederzeit unbenommen, auf seine Rechte zu verzichten unbeschadet natürlich der ihm selbst bei gegenseitigen Verträgen in seiner Eigenschaft als Schuldner obliegenden Verpflichtung zur Gegenleistung. Insoferne hätte es einer ausdrücklichen Regelung, wie sie Satz 1 des zu behandelnden Paragraphen gibt, nicht bedurft.[5]) Durch

---

[1]) Schultzenstein S. 72; Bonn S. 54.

[2]) Ueber das Verhältnis des § 617 zu § 27 des land- u. forstwirtschaftl. UVersG. s. Reger, Entscheidungen Bd. XXIII S. 277 und 281. — Auch den § 617 will Gustav Rümelin unter gewissen Umständen auf den Werkvertrag anwenden; cf. Gustav Rümelin a. a. O. S. 275.

[3]) Nicht zu billigen ist die Ansicht Schultzensteins (a. a. O.), daß eine Anrechnung dann nicht stattfinde, wenn der Dienstberechtigte gegen die Erkrankung seiner Dienstboten versichert ist. Wenn sich der Dienstberechtigte gegen das ihn nach § 617 treffende Risiko versichert, so macht er hiezu Aufwendungen aus seinem Vermögen und es ist nicht abzusehen, warum man ihn für seine Vorsicht noch außerdem bestrafen soll dadurch, daß man ihn der Rechtswohltat der Anrechnung für verlustig erklärt.

[4]) S. auch Kohler, Archiv XIII 169 ff.

[5]) And. Meinung allerdings für das gemeine Recht die herrschende Lehre, s. Motive II 502/503 und Oertmann Bem. 1 zu § 649 S. 663.

§ 649 wird aber außer allen Zweifel gestellt, daß der Unternehmer ein Recht auf Ausführung des bestellten Werkes nicht habe, mag er auch daran unter Umständen ein gar nicht zu unterschätzendes Interesse, auch vermögensrechtlicher Natur, besitzen.

Die Interpretation des § 649, soweit sie hier zur Begründung des Wesens der Anrechnung erforderlich ist, bietet wenig Schwierigkeiten. Die Kündigung soll nur zulässig sein bis zur Vollendung des Werkes; die hier festgesetzte Grenze für die Kündigung entspricht der in § 640 getroffenen Regelung, daß der Besteller verpflichtet sei, das vertragsmäßig hergestellte — im Gegensatze zu dem noch nicht ausgeführten — Werk abzunehmen. Wann das Werk vollendet ist, bildet eine Tatfrage. Daß an der Vollendung ein wenn auch nur unverhältnismäßiger Teil fehlt, vermag nach dem ganzen Zwecke der Vorschrift das Kündigungsrecht nicht zu beseitigen.

Die Kündigung selbst ist hier wie in allen andern Fällen eine einseitige empfangsbedürftige Willenserklärung (§§ 130 ff.)[1]) Die Kündigung nach § 649 unterscheidet sich aber in ihren Wirkungen von der sonstigen, regelmäßigen Kündigung, indem sie — trotz des Wortlautes des Satzes 2 („infolge der Aufhebung des Vertrages") — nicht das ganze Vertragsverhältnis aufhebt für die Zukunft, sondern nur dessen eine Seite, nämlich die Verpflichtung des Unternehmers,[2]) während die des Bestellers nach wie vor fortdauert.

Aus dem eben Gesagten ergibt sich auch ohne weiteres, daß der Anspruch des Unternehmers aus § 649 seiner Natur nach nicht zu den Schadensersatzansprüchen, sondern zu den vertraglichen, zu den Erfüllungsansprüchen gehört[3]) im Gegensatz zu § 642!

In Ansehung der Anrechnung selbst stimmt § 649 mit der entsprechenden Vorschrift des § 324 Satz 2 völlig überein. Es mag also genügen, in dieser Beziehung auf die früheren Erörterungen zu diesem Paragraphen zu verweisen.[4]) —

Werfen wir nun kurz einen Blick zurück auf das bisher Dargestellte, so drängt sich uns sofort der Gedanke auf: So verschieden in den einzelnen der hier behandelten Paragraphen die Voraussetzungen

---

[1]) Bezüglich der bestrittenen Frage nach der Zulässigkeit einer bedingten oder befristeten Kündigung s. Oertmann, Komm. Bem. 2b zu § 564 S. 522.

[2]) Oertmann, Komm. Bem. 1 Abs. II zu § 649; Kohler in Holtzendorffs Enzykl. Bd. I S. 684; Bernhöft in Birkm. Enzykl. § 126 S. 472 (der die Kündigung nach § 649 als einen „Verzicht des Gläubigers auf die Leistung" bezeichnet); Kohler, Lehrb. II § 74 S. 204/205; Riezler S. 159.

[3]) Oertmann, Komm. Bem. 1 II zu § 649; derselbe in B.-A. S. 37 ff.; Walsmann S. 69; Crome, part. RG. S. 360; Gustav Rümelin S. 291; Kohler, Lehrb. II § 74 S. 205 Anm. 1 und § 138 S. 371 Anm. 1; and. Meinung Lotmar S. 640, 147.

[4]) Den § 649 will Gustav Rümelin im Dienstvertrag anwenden, s. G. Rümelin S. 288 ff.

der Anrechnung sind, so mancherlei Art die Gegenstände der Anrechnung: Eines haben diese Paragraphen gemeinsam, nämlich daß es lauter vertragliche Ansprüche, lauter Erfüllungsansprüche sind, auf die eine Anrechnung stattzufinden hat. Das Wesen dieser Anrechnung zu ergründen und so aus der bisherigen Analyse der einschlägigen Gesetzesstellen das Fazit zu ziehen sei versucht im folgenden, dogmatischen Teile dieser Arbeit.

II. Teil.

Die rechtliche Natur der Vorteilsanrechnung beim Erfüllungsanspruche.

§ 5.

Rechtsgrund.

Bevor ich mich über die rechtliche Natur der Anrechnung verbreite, wird es notwendig sein, zu ihrem besseren Verständnis in kurzen Worten auf den Rechtsgrund der Vorteilsanrechnung selbst einzugehen.

Zunächst ist klar, daß sich die Zulassung der Vorteilsanrechnung nicht begründen läßt mit einem allgemeinen Satze etwa des Inhalts, daß, wer in seinem Vermögen zum Nachteile eines andern eine Bereicherung erfahren hat, zu ihrer Herausgabe an den andern verpflichtet sei; ein derartiger Grundsatz würde jede spekulative Tätigkeit in Handel und Verkehr von vornherein lahm legen.[1]

Daher ist der Rechtsgrund der Anrechnung enger zu fassen. Es ist davon auszugehen, daß in allen Fällen der Anrechnung, wie wir sie hier untersuchen, der Gläubiger[2] seinen Anspruch auf die vom Schuldner versprochene Leistung behält. Nach der ursprünglichen Vertragsabsicht war jedoch diese Leistung als wirtschaftliches Aequivalent beabsichtigt für einen Gegenstand, der dem Schuldner aus dem Vermögen des Gläubigers gewährt werden sollte. Dieses Entgelt erhält nun der Schuldner nicht, sei es, daß der Gläubiger überhaupt von seiner Gegenleistungspflicht frei wird,[3] sei es, daß der Gläubiger zwar leistet, die Leistung vom Schuldner aber nicht angenommen werden kann oder will.[4] Wenn nun der andere Teil trotzdem seinen Anspruch auf die Gegenleistung behält, daher also aus den eingetretenen Verhältnissen einen Nachteil in seinem

---

[1]) Vgl. Stintzing S. 5; Stieve S. 7.

[2]) Wenn im folgenden der Kürze halber die Ausdrücke „Gläubiger", „Gläubigeranspruch", „Erfüllungsanspruch", „Schuldner" usw. gebraucht werden, so ist dies zu verstehen vom Standpunkte desjenigen Vertragsteiles aus, auf dessen Anspruch die Anrechnung stattfindet.

[3]) So in §§ 324, 615 ff., 649.

[4]) Wie in § 552.

Vermögen nicht erfährt, so erscheint es unbillig, daß ihm objektiv eine größere Vermögensmehrung zukommen soll, als wie sie bei vollständiger beiderseitiger Erfüllung des Vertrages eingetreten wäre. Dies würde aber der Fall sein, wenn der Gläubiger die volle, ungekürzte Gegenleistung beanspruchen könnte, obwohl ihm schon in Gestalt des betreffenden Anrechnungsgegenstandes ein lucrum zugeflossen, dessen er ohne den dieses lucrum bedingenden Umstand nicht teilhaftig geworden wäre. Auf die Billigkeit stellt auch das Reichsgericht[1]) den Rechtsgrund der Vorteilsanrechnung ab, indem es sagt: „Der § 615 hat in dieser Beziehung keinen anderen Inhalt als die §§ 324 I, 552, 649 BGB. Der Grund der gesetzlichen Bestimmung besteht darin, daß der zur Leistung der Dienste Verpflichtete nicht mehr, als ihm nach dem Vertrage gebührt, erhalten und nicht auf Kosten des Dienstberechtigten einen Gewinn machen soll. Aus Gründen der Billigkeit soll es dem Dienstberechtigten gestattet sein, die Anrechnung vorzunehmen." So dient die Anrechnung auch hier wie beim Schadensersatzanspruch oder wie gewisse andere Rechtsgebilde (z. B. die Haftung aus der ungerechtfertigten Bereicherung, der Impensenabzug beim Fruchterstattungsanspruch) dem in jeder ausgebildeten Rechtsordnung bekannten höheren Gedanken, eine innerlich nicht gerechtfertigte Vermögensverschiebung unter unbilliger Bevorzugung des einen Teiles zu verhindern. („Statik der Werte".)[2])[3])

§ 6.

Abgrenzung von verwandten Rechtsbegriffen.

Das Wesen der Anrechnung hebt sich scharf von dem ähnlicher Rechtsinstitute ab. Daher wird es, bevor wir zu einer genauen Feststellung ihres Begriffes übergehen, zweckdienlich sein, zunächst alle diejenigen Rechtsgebilde abzuscheiden, mit denen sie mehr oder weniger Aehnlichkeit zeigt. Auf diese Weise wird sich dann der Begriff der Anrechnung in desto klarerem Bilde zeigen.

I. Anrechnung — Aufrechnung.

In Durchführung des gesteckten Zieles gilt es vor allem, auf das Verhältnis der Anrechnung zur Aufrechnung einzugehen, um eine reinliche Scheidung der beiden Begriffe herbeizuführen. Es erscheint dies umsomehr veranlaßt, als manche Schriftsteller bei Behandlung der einschlägigen Gesetzesstellen vice versa bald von „Aufrechnung", oder „aufrechenbar", bald von „Anrechnung" und

---

[1]) Entsch. Bd. 58 S. 404.

[2]) So Jung S. 7.

[3]) Vgl. Kisch S. 89 Anm. 16; Oertmann, B.-A. S. 60 ff.; Rehbein Bd. II Bem. 19 S. 187; Kleineidam S. 141; Titze S. 181; Oertmann, Komm. Vorbem. 5 zu § 249/254; ferner Ebert S. 2 ff., 15.

„anrechenbar" reden,[1]) was sehr wenig dazu angetan ist, Klarheit in die Sache zu bringen. Denn eine Verwechslung beider Begriffe erscheint absolut unangängig. Besteht doch zwischen Anrechnung und Aufrechnung ein unüberbrückbarer Gegensatz. Sowohl die römische und gemeinrechtliche Kompensation, wie auch die Aufrechnung nach BGB. erfordern begrifflich das Bestehen zweier gegenseitiger, selbständiger Forderungen oder doch, falls man die Aufrechnung auch anderer Ansprüche zulassen will,[2]) zweier gegenseitiger Ansprüche. Bei der Anrechnung findet sich allerdings auf der einen Seite — auf der Seite des Anrechnungsgegners, wie wir ihn nennen wollen — eine Forderung, nämlich der vertragliche Erfüllungsanspruch. Dem andern Teile dagegen, dem Erfüllungsschuldner, steht kein selbständiger Anspruch gegen den Anrechnungsgegner auf Herausgabe des lucrum zu.[3]) Aufrechnung und Anrechnung können daher unmöglich identische Begriffe sein. Hierüber herrscht auch in der Literatur, soweit sich diese überhaupt mit dem Begriffe der Anrechnung, sei es beim Erfüllungsanspruche, sei es beim Schadenersatzanspruche, befaßt, grundsätzlich Einstimmigkeit.[4])

II. Anrechnung und Zurückbehaltungsrecht.

Abzulehnen ist auch die Annahme, daß es sich bei der Anrechnung in Wahrheit um ein gesetzliches Zurückbehaltungsrecht handle, und zwar ebenfalls deswegen, weil der Schuldner keinen fälligen Anspruch gegen den Anrechnungsgegner auf Herausgabe des lucrum hat. Daher kann man von einem Recht auf Verweigerung der Leistung, bis „die ihm gebührende Leistung bewirkt ist" (§ 273) nicht sprechen.

Auch wenn, wie tatsächlich anzunehmen, § 273 die Fälle des Zurückbehaltungsrechtes — auch abgesehen von dem kaufmännischen

---

[1]) Dernburg Bd. II Abt. II § 307 II 4 S. 451 und insbes. Bd. II Abt. I § 31 S. 79 ff.; Düringer-Hachenburg, HGB. II. Bd. S. 111/112 und S. 138; Müller-Meikel I. Bd. S. 254; Kohler, Lehrb. II. Bd. § 74 IX 2 S. 203; Petrazycki II. Bd. S. 335/336; Scherer S. 26; ferner Koppen S. 8 (dieser bei wörtlicher Aufführung des Gesetzes [!]). Ferner Dernburg, Pandekten II S. 128.

[2]) Siber S. 83; Crome Bd. I § 39 zu Note 9, Bd. II § 191 Anm. 2 S. 288.

[3]) Planck Bem. 2 zu § 324 S. 149; Staudinger-Kuhlenbeck Bem. 6 zu § 324 S. 154. Merwürdigerweise spricht das Landgericht Magdeburg im GewGer. Bd. X S. 207 mit Bezug auf die Anrechnung in § 615 von einem „Recht, das von dem Dienstberechtigten auch selbständig durch Klage geltend gemacht werden kann" (und zwar ohne Einschränkung!) und von einem „Gegenrecht aus § 615 S. 2".

[4]) So Larenz S. 10 ff.; Oertmann, V.-A. S. 20 ff., Komm. Vorbem. 5 zu § 249 ff. S. 31 und Bem. 2b zu § 615 S. 600; Rümelin in KrVJSchr. Bd. 45 S. 198; Stintzing S. 4/5; Oertmann, Komm. Bem. 4 zu § 617 S. 608; Lotmar S. 663, 415 Anm. 3; Sinzheimer S. 44; Schultzenstein S. 73 ff.; Windscheid-Kipp S. 699; Ebert S. 6; Bonn S. 76 ff.; Crome, System II § 258 S. 651 Anm. 32; Endemann I § 125 S. 706 Anm. 33 und § 146 S. 834 Anm. 2; Staudinger-Kober Bem. IV 4 zu § 617 S. 414; Klein S. 132; v. Mayr S. 625; Fischer S. 226/227; RG. in Entsch. Bd. 54 S. 137 ff. — And. Meinung Walsmann S. 36/37. Wie hier auch Sinzheimer S. 43; ferner Oertmann in GellersCBl. S. 690.

nach § 369 HGB. — keineswegs erschöpfend regelt,[1]) so darf wenigstens für die Fälle der echten Anrechnung (hierüber später!) ein solches Zurückbehaltungsrecht zur Erklärung der Anrechnung nicht herangezogen werden; denn die Wirkungen des Zurückbehaltungsrechtes sind immer nur verzögerlicher Natur und können höchstens eine Verurteilung zur Leistung Zug um Zug zur Folge haben, während die Anrechnung schuldtilgend wirkt. Das Zurückbehaltungsrecht gewährt nur eine Einrede, die Anrechnung dagegen eine Einwendung.[2])

III. Anrechnung und Alternativobligation.

Oertmann[3]) versucht wenigstens für den Fall des § 617 eine Konstruktion der dort vorgesehenen Anrechnung durch Zuhilfenahme eines alternativen Anspruches mit Wahlrecht des Erfüllungsgläubigers. Diese Erklärung läßt sich wohl kaum vereinbaren mit der sozialpolitischen Tendenz des § 617, die ja gerade dahin geht, dem Dienstverpflichteten, dem es sonst mangels einer Versicherung bei Erkrankungen an der nötigen Hilfe gebricht, für die erste Zeit die erforderliche Verpflegung zu gewähren. Daher ist schon nach dem Wortlaute des § 617 die Verpflichtung des Dienstberechtigten darauf abgestellt, diese Unterstützung dem Erkrankten zukommen zu lassen; ein Ansinnen des Dienstverpflichteten, ihm statt der Gewährung der Krankenhilfe den Lohn für die Zeit während der Erkrankung zu geben, kann der Dienstherr als unberechtigt zurückweisen. Eine entgegenstehende vertragliche Vereinbarung würde m. E. sogar gegen § 619 verstoßen, mithin nach § 134 nichtig sein. Aber auch für die sonstigen etwa in Frage kommenden Fälle scheitert der Konstruktionsversuch, weil es überall daran fehlt, daß „mehrere Leistungen in der Weise geschuldet werden, daß nur die eine oder die andere zu bewirken ist" (§ 262).

IV. Anrechnung und Leistung an Erfüllungsstatt.

Ebensowenig deckt sich das begriffliche Wesen der Anrechnung mit dem Rechtsinstitute der Leistung an Erfüllungsstatt. Denn eine solche muß, wie der § 364 Abs. I sagt, der Gläubiger annehmen. Es ist also Zustimmung des Gläubigers erforderlich, die zum Abschlusse eines neuen, gegenseitigen Vertrages zwischen Gläubiger und Schuldner führt.[4]) In den Fällen der Anrechnung

---

[1]) Stieve S. 29 ff.; v. Mayr S. 594 ff., S. 620.

[2]) Bonn S. 3, wo auch mit Recht die Zurückführung der Anrechnung auf ein gesetzliches oder vertragliches Einbehaltungsrecht abgelehnt ist.

[3]) Komm. Bem. 4 zu § 617 S. 339 der ersten Auflage. „Der Bedienstete hat ein Wahlrecht entweder auf Uebernahme der Behandlung für die fragliche Zeit oder auf Lohn dafür." — Wie hier Schultzenstein S. 75; Bonn S. 79. — Im übrigen hat Oertmann später anscheinend diese Erklärung aufgegeben und sich (cf. B.-A. S. 42!) zu einer gewöhnlichen Aufrechnung mit einem — „freilich nur insoweit rechtlich anerkannten" — Gegenanspruch bekannt. Auch dieser Konstruktionsversuch ist abzulehnen; er scheitert an dem Aufrechnungsverbote des § 394 BGB. Wie hier nunmehr auch Oertmann in der 2. Auflage des Komm. Bem. 4 zu § 617 S. 608.

[4]) Stammler, Allgem. Lehren S. 229.

ist aber eine Zustimmung des Gläubigers sowenig vorausgesetzt, daß sie ohne und sogar gegen dessen Willen eintritt. Im übrigen können von vorneherein nicht in Betracht kommen diejenigen anrechenbaren Vermögensvorteile, die dem Erfüllungsgläubiger zufließen von anderen Personen als vom Erfüllungsschuldner selbst, z. B. der anderweite Erwerb in den Fällen der §§ 324 und 615. Denn hier handelt es sich ja gar nicht um Leistungen des Erfüllungsschuldners. Diese Personen wollen ihre eigene, selbständige Verbindlichkeit erfüllen, so daß sich auch nicht der § 267 Abs. I Satz 1 verwerten läßt, um eine Leistung des Erfüllungsschuldners zu konstruieren. In dem einzigen Paragraphen, wo eine Leistung des Erfüllungsschuldners in Frage steht, nämlich in § 617, liegt aber zugleich auch eine Verpflichtung des Dienstberechtigten vor. Es wird etwas von ihm geleistet, was er schuldet, daher auch hier von einer Leistung an Erfüllungsstatt doch keine Rede sein kann, selbst wenn man zur Umgehung der oben erwähnten Bedenken auf den etwas prekären Ausweg greift, daß hier ausnahmsweise die Einwilligung des Gläubigers zur Leistung eines anderen als des geschuldeten Gegenstandes nicht notwendig sei.[1])

V. Anrechnung — Novation u. a.

Die Erklärung der Anrechnung mit dem Rechtsbegriffe der Novation scheitert an dem unerläßlichen Erfordernisse eines Vertrages zum Zustandekommen einer solchen, während die Anrechnung, wie wir soeben unter IV gesehen, ohne Zustimmung des Erfüllungsgläubigers eintritt.

Ebensowenig kann von einem Erlöschen des Erfüllungsanspruches durch sogenannte concursus duarum causarum lucrativarum die Rede sein, weil es zu einer Anrechnung nur kommen kann bei gegenseitigen Verträgen, mithin es hier an einer causa lucrativa fehlt.

Der Lehre vom concursus duarum causarum lucrativarum steht begrifflich sehr nahe das Problem des Untergangs der Obligation durch Zweckerreichung. Klein erörtert[2]) ausführlich die Abgrenzung der compensatio lucri cum damno von dem eben erwähnten Problem. Wie er bei der Anrechnung auf den Schadensersatzanspruch, so muß man auch bezüglich der Anrechnung beim Erfüllungsanspruch zu dem Schlusse kommen, daß hier verschiedene Rechtserscheinungen vorliegen und daß sich die Anrechnung nicht auf den Oberbegriff der Zweckerreichung im engern, eigentlichen Sinne[3]) zurückführen läßt. Denn die Anrechnung ist ja ausdrücklich im Gesetze geregelt.[4])

---

[1]) So Lotmar S. 663, 677; wie hier Bonn S. 80.

[2]) Klein S. 132 ff.

[3]) Klein S. 66.

[4]) Ueber das Verhältnis der Anrechnung zur exceptio doli generalis s. Bonn S. 83. — Ueber die Nichtexistenz eines Zusammenhanges der Lehre von der Anrechnung mit der sog. exceptio ex jure tertii (wenigstens in ihrem

VI. Anrechnung — compensatio lucri cum damno.[1])

Am meisten Berührungspunkte zeigt die Anrechnung in den Fällen, die hier zur Betrachtung stehen, mit dem Probleme der c. l. c. d. Trotz dieser engen Beziehungen ist es nicht angängig, die Anrechnung in den dieser Bearbeitung zugrunde liegenden Paragraphen kurzer Hand in das Gebiet der c. l. c. d. zu verweisen. Unter c. l. c. d. versteht man die gänzliche oder teilweise Aufwiegung eines Schadens, den jemand erlitten hat, durch den Erwerb von Vermögensvorteilen, die in gewisser Beziehung zu dem eingetretenen Schaden stehen. Das Bürgerliche Gesetzbuch kennt ausdrückliche Bestimmungen dieser Art nicht.[2]) Dennoch wird in der Wissenschaft und Rechtsprechung ziemlich übereinstimmend angenommen, daß die nach Oertmanns Vorgang mit einem umfassenden Namen genannte „Vorteilsausgleichung" beim Schadensersatz auch im neuen bürgerlichen Rechte gilt.[3]) Man führt ihre Geltung teils auf die Konstruktion des Schadens an sich, teils auf die Natur der Sache zurück. Erst in der neuesten Zeit ist der ganzen Lehre von der Vorteilsausgleichung ein Gegner entstanden in Stintzing,[4]) der die Existenz eines derartigen Rechtsgebildes überhaupt leugnet. Er versucht die betreffenden Erscheinungen im Rechtsleben zu erklären, teils indem er sagt,[5]) es handle sich nicht um eine Minderung des Schadens, sondern eine Verringerung des infolge des Risikos erlittenen Verlustes, teils[6]) indem er für gewisse Fälle das Vorhandensein eines lucrum überhaupt leugnet. Die Widerlegung Stintzings muß ich einer berufeneren Feder überlassen. Nur soviel sei bemerkt, daß mit der Zurückführung der fraglichen Erscheinungen auf die Tragung des Risikos nicht viel

---

gemeinhin verstandenen Sinne!) s. Oertmann, V.-A. S. 23 Anm. 1; Rappaport S. 151 ff., 153, 188 ff., 192; Bonn S. 92 Anm 2; Stammler, Die Einrede usw. S. 59; anders noch in seinen „Einzeln. Lehr." S. 228.

[1]) Im folgenden abgekürzt mit „c. l. c d."!

[2]) Die Motive Bd. II S. 18/19 halten sie für entbehrlich.

[3]) Larenz S. 17; Eichhoff S. 23; Oertmann, V.-A. S. 59; Planck Bem. 3 zu § 252; Schollmeyer, Komm § 252 Bem. 6 S. 39; Oertmann, Komm. § 249 Vorbem. 5e S. 31; Staudinger-Kuhlenbeck, Komm. S. 28 Anm. 4 — dieser unter ausdrücklicher Verwahrung dagegen, daß er in seinem Handkommentar S. 208 Bem. 3 zu § 252 den entgegengesetzten Standpunkt vertreten habe! —; Endemann I § 128 Anm. 15 S. 725; Crome, System II S. 77 ff.; Enneccerus-Lehmann I § 161 S. 410; Cosack I § 90 VIII S. 331; Dernburg II/1 § 31 S. 79 Anm. 2; Matthiaß I § 76 VI S. 348; Windscheid-Kipp II § 258 S. 51, 62; Müller-Meikel I S. 239; Rehbein Bem. 46 S. 53; Fischer S. 24, 218 ff.; Düringer-Hachenburg I S. 225 VII; Kohler, Lehrb. II S. 132 ff. und 478; Ebert S. 19. And. Meinung nur Scherer S. 25, 26. — Wie hier RG. in Entsch. Bd. 54 S. 140 ff., OLG. Kassel in Rechtspr. d. OLG. Bd. XII 1906 1. Halbjahr S. 118 ff.; Reichsg. in SeuffA. Bd. 60 Nr. 35 S. 63 ff. — Von älteren Darstellungen des früheren Rechts s. Mommsen II S. 191 ff.; Cohnfeldt S. 168 ff.

[4]) „Findet Vorteilsanrechnung beim Schadensersatzanspruch statt?" Leipzig 1905.

[5]) A. a. O. S. 27, 28, 31.

[6]) A. a. O. S. 40 ff.

gewonnen scheint. Es wird m. E. lediglich ein Begriff ausgeschaltet und ein andrer an seine Stelle gesetzt.[1])

Sei dem nun wie ihm wolle, hier handelt es sich nur darum, zu zeigen, daß zur Erklärung der Anrechnung, wie sie Gegenstand dieser Abhandlung bildet, nicht auf die c. l. c. d. zurückgegriffen werden kann, so eng auch der Zusammenhang dieser beiden Rechtsgebilde in ihrem Rechtsgrund und in ihren Wirkungen sein mag. Im ersten Teile dieser Arbeit habe ich an geeigneter Stelle bei der exegetischen Darstellung der maßgebenden Bestimmungen stets mit besonderem Nachdrucke hervorgehoben, daß die Ansprüche, auf die eine Anrechnung stattfindet, ihrer rechtlichen Natur nach durchgängig als vertragliche Ansprüche, als Erfüllungsansprüche sich charakterisieren.[2]) Ist das richtig, so fällt damit auch die Konstruktion der hier erörterten Anrechnungsfälle als einer c. l. c. d. Denn sie würde das Vorhandensein von Schadensersatzansprüchen zur wesentlichen Voraussetzung haben.[3]) Trotz dieser konstruktiven Verschiedenheit besteht zwischen der c. l. c. d. ein inniger Zusammenhang, worauf später noch ausführlicher zurückzukommen sein wird. —

Als Ergebnis der bisherigen Untersuchungen kann behauptet werden, daß die in der Lehre von den Schuldverhältnissen ausdrücklich normierte Anrechnung — wenigstens soweit die im ersten Teile der vorliegenden Darstellung erörterten Bestimmungen in Betracht kommen — in ihrer rechtlichen Natur auf irgend einen der allgemeinen Rechtsbegriffe des BGB. sich nicht zurückführen läßt. Daraus ergibt sich aber mit zwingender Notwendigkeit der Schluß, daß die Anrechnung beim Erfüllungsanspruche einen selbstständigen Rechtsvorgang darstellt. Hiervon im folgenden!

---

[1]) So auch Hedemann in Kohlers Archiv Bd. 27/1906 S. 338/340.

[2]) S. oben S. 19/20, 23/24, 28, 33, 37; ferner zu den dort zitierten noch Frankenberg, DJZ. 1903 S. 195 ff.; Sigel S. 78 oben; Bonn S. 81 ff. Ebert S. 3 und S. 19 ff. And. Meinung Blume im Recht 1902 S. 8 Bem. 4.

[3]) Zustimmend auch Oertmann, V.-A. S. 42, Komm. Bem. 2c zu § 324 S. 161; Schultzenstein S. 75 Ziff. 4; Bonn S. 81 ff. Abweichend Endemann I § 146 Anm. 2, § 128 Anm. 15 S. 724/725. Auch Rehbein erblickt in den Bestimmungen der §§ 324 I S. 2, 615 S. 2, 649 S. 2, 552 S. 2 (§ 581 II) Anwendungsfälle des in seiner Allgemeinheit auch für das BGB. geltenden Rechtsatzes der c. l. c. d. und sagt: „Vom Schadensersatze wegen Nichterfüllung muß sich der Berechtigte immer abrechnen lassen, was er infolge der Nichterfüllung erspart oder verdient oder nach Treu und Glauben hätte verdienen können“, während er wieder zu § 324 selbst (S. 186 Bem. 19) erklärt, der Schuldner behalte den Anspruch auf die Gegenleistung, „der Vertrag fällt also nicht fort“. Auch Dernburg drückt sich sehr mißverständlich aus (Bd. II/1 S. 79 Anm. 2): „Wenn das BGB. zwar auch keine allgemeinen Bestimmungen über den Rechtssatz der c. l. c. d. enthält, so gibt es in zahlreichen Fällen Einzelbestimmungen, die auf einen allgemeinen Rechtssatz hinweisen. So bei gegenseitigen Verträgen im Falle der vom Gegenkontrahenten zu vertretenden Unmöglichkeit der Leistung, §§ 324, 615, 649, 552, 581“. — Wie Bonn S. 82 Anm. 4 behaupten kann, Oertmann zähle die Anrechnung nach § 616 zur c. l. c. d., ist unerfindlich, da sich aus Oertmann, Komm. Bem. 2c zu § 616 S. 605 das direkte Gegenteil ergibt.

§ 7.

Rechtliche Natur der Anrechnung.

An Versuchen, den Begriff der Anrechnung, wie er im BGB. in der Lehre von den Schuldverhältnissen gebraucht wird, des näheren zu bestimmen, hat es nicht gefehlt. Sinzheimer[1]) bezeichnet die Anrechnung als „die tatsächliche Einbeziehung einer bereits bewirkten Leistung in die schuldige Gesamtleistung". Ihm schließt sich Schultzenstein an.[2]) Mit Recht wirft Bonn dieser Definition vor, daß sie insoferne unvollständig sei, als der anzurechnende Gegenstand nicht notwendig eine „Leistung" ist.[3]) Außerdem ist in der angegebenen Begriffsbestimmung der eigentliche Rechtsvorgang bei der Anrechnung in keiner Weise zweifelsfrei erklärt, indem darin nicht zum Ausdruck kommt, wie sich das Zustandekommen der Anrechnung selbst eigentlich gestaltet, ob sie sich vollzieht schon durch das Gegenübertreten des Vorteils zur Leistung, oder ob es hierzu eines Rechtsaktes des Erfüllungsschuldners oder gar einer Tätigkeit des Richters bedarf.[4])

Bonn sucht diese Mängel zu umgehen, indem er folgendermaßen definiert:[5]) Die Anrechnung „bedeutet Tilgung bzw. Minderung einer Forderung durch Geltendmachung eines auf Kosten des Schuldners von dem Gläubiger erwirkten oder als erwirkt fingierten Vermögensvorteils". Im weiteren Verlaufe seiner Abhandlung bezeichnet er die Anrechnung als ein „einseitiges Rechtsgeschäft", das der Aufrechnung nahe verwandt sei. Er lehnt den Eintritt der Anrechnung ipso jure (hier in der Bedeutung sine facto hominis) ab; sie erfolgt nach ihm durch einseitige, empfangsbedürftige, gerichtliche oder außergerichtliche Erklärung des Anrechnenden. Mit einem Worte, Bonn inauguriert mit seiner Ansicht über die Natur der Anrechnung einen neuen rechtsgeschäftlichen Tilgungsgrund für Obligationen, der sich in seinem Wesen und in seinen Voraussetzungen zwar von der Aufrechnung unterscheidet, im übrigen aber in jeder Hinsicht, wie Vollzug, Wirkungen, prozessuale Geltendmachung schattenähnlich der Aufrechnung anschließt.

Seine Ansicht begründet Bonn wie folgt:[6])

---

[1]) A. a. O. S. 43.

[2]) A. a. O. S. 76.

[3]) A. a. O. S. 77; obwohl er später selbst in den gleichen Fehler verfällt, s. S. 89 unter der Ueberschrift „Vollzug" Abs. II Ziff. 1, ferner S. 89 unten, desgl. auch S. 94.

[4]) Ein ähnlicher Zweifel taucht auf, wenn Endemann I § 125 S. 706 Anm. 23 sagt: „Anrechnung bedeutet Herabsetzung des Umfangs der eigenen Leistung".

[5]) A. a. O. S. 84, 88 ff.

[6]) A. a. O. S. 89/90. Auch Oertmann, Komm. Bem. 2b zu § 615 S. 600 erklärt im Anschlusse an Bonn ohne weitere Begründung, daß die Anrechnung nicht ipso jure, sondern nur durch eine Anrechnungserklärung des Schuldners eintrete.

Zunächst weist er m. E. ganz mit Recht die Auffassung zurück, daß die Anrechnung durch eine Tätigkeit des Richters im Prozesse vor sich geht. Alsdann fährt er fort, daß auch die Ansicht, nach welcher die Anrechnung sich vollziehe durch Gegenübertreten des Anrechnungsgegenstandes zur Forderung, ohne besondere Schwierigkeiten sich erledige. „Der Eintritt ipso jure ist weder für die Aufrechnung noch für die Anrechnung innerlich begründet. Die Anrechnung enthält, gerade wie die Aufrechnung, virtuell eine Bevorzugung des Schuldners, welcher an- bzw. aufrechnet. Die Aufrechnung gibt dem Schuldner als Gläubiger volle und sichere Befriedigung vor anderen Gläubigern für den Fall der Zahlungsunsicherheit des Gegenkontrahenten. Die Anrechnung erspart dem Schuldner die Entstehung und damit die unsichere Verfolgung von Gegenforderungen, die, sei es auf Grund Vertrags (Vorschuß), sei es auf Grund ungerechtfertigter Bereicherung (Ersparnisse usw.) entstehen könnten. Die Aufrechnung wie die Anrechnung sind daher nicht so sehr wichtig als Mittel der Zahlung, denn vielmehr als Mittel zur Sicherung des Aufrechnenden und Anrechnenden. Weil nun die Institute zum Schutze der Rechte dienen, muß auch der Geschützte das Recht haben, den Schutz zu erwirken. Und gerade weil die Aufrechnung wie die Anrechnung in erster Linie einen Schutz des Aufrechnenden und des Anrechnenden bedeuten, ist auch gar nicht einzusehen, weshalb ohne Zutun des zu Schützenden, vielleicht ohne daß dieser es will, ipso jure der Schutz eintreten soll.“

Die Auffassung B o n n s von der rechtlichen Natur der Anrechnung darf nicht unwidersprochen bleiben. Zunächst sei an die Schlußsätze der eben vorgetragenen Begründung seiner Ansicht angeknüpft! Es ist gar nicht abzusehen, warum das Gesetz, wenn es einmal den Schutz des Schuldners durch Aufnahme der Anrechnungsvorschriften bezweckt, ohne zwingenden Grund — was ich später zeigen werde — auf halbem Wege stehen bleiben sollte, wo sich doch das nämliche durch den Ipso-jure-Eintritt der Anrechnung ungleich wirksamer erreichen läßt. Aber auch abgesehen davon halte ich B o n n s Ansicht, daß die Anrechnung ein einseitiges Rechtsgeschäft sei, daß sie von dem Anzurechnenden geltend gemacht werden müsse und dann ihre Wirkungen zurückbezogen würden auf den Moment des Gegenübertretens von Forderung und Anrechnungsgegenständen, für irrig.

M. E. vollzieht sich die Anrechnung in dem Augenblicke, indem der anzurechnende Gegenstand dem Erfüllungsanspruche gegenüber tritt, m. a. W., d i e A n r e c h n u n g b e i m E r f ü l l u n g s a n s p r u c h e t r i t t i p s o j u r e e i n. Ich begründe meine Ansicht wie folgt:

I. Die Auffassung von dem Ipso-jure-Eintreten der Anrechnung beim Erfüllungsanspruch wird allein der historischen Entwicklung der maßgebenden Paragraphen des BGB. gerecht.

1. Was zunächst § 324 betrifft, so entspricht die in ihm statuierte Anrechnung dem bisherigen Rechte,[1]) wie es sich findet in l. 19 § 9—10 D, 19, 2, loc. cond. Die Stellen lauten:

§ 9. Cum quidam exceptor operas suas locasset, deinde is, qui eas conduxerat, decessisset, imperator Antonius cum divo Severo rescripsit ad libellum exceptoris in haec verba: „Cum per te non stetisse proponas, quo minus locatas operas Antonio Aquilae solveres, si eodem anno ab alio non accepisti, fidem contractus impleri aequum est".

§ 10. Papinianus quoque libro quarto responsorum scripsit diem functo legato Caesaris salarium comitibus residui temporis praestandum, modo si non postea comites cum alliis eodem tempore fuerunt.

Bezüglich dieser Stellen herrschte in der Literatur des gemeinen Rechtes Streit, ob es sich hier um einen Schadensersatzanspruch des Dienstverpflichteten oder um den gewöhnlichen Vertragsanspruch auf die Gegenleistung handle. Mit Rücksicht auf den unzweifelhaften Wortlaut der angeführten Stellen (fidem contractus impleri aequum; salarium residui temporis!) schließe ich mich der letzteren Auffassung an.[2]) Doch hiervon ganz abgesehen, soviel ist jedenfalls unbestreitbar, daß nach der cit. l. 19 § 9 u. 10 der Dienstvermieter — im Sinne des römischen und gemeinen Rechtes gesprochen — für alle Fälle dann seinen Anspruch auf die Gegenleistung verliert, wenn er seine Dienste anderweitig vermietet. Die Quellen sagen nicht, daß es hierzu einer Tätigkeit von seiten des Beklagten bedürfe: Aus der bedingten Ausdrucksweise („si eodem anno etc.", bzw. „modo si non etc.") der Quellenbelege muß vielmehr geschlossen werden, daß dem Dienstvermieter dann, wenn er sich anderweitig verdingt, die Klage auf die Gegenleistung nicht mehr zusteht. Das kann nur so sich erklären, daß der Dienstvermieter in dem Augenblick, wo er in das neue Dienstverhältnis sich begibt, seinen Anspruch und damit auch das Klagerecht verliert. Windscheid[3]) erklärt unter Berufung auf l. 19 § 10 cit., „der Vermieter gehe des Anspruches auf die Gegenleistung dadurch nicht verlustig, daß der Mieter die ihm zur Verfügung gestellten Dienste nicht abnimmt, gleichgültig ob mit oder ohne seine Schuld, und vorausgesetzt nur, daß der Vermieter seine Dienste nicht anderweitig in entsprechendem Maße verwertet hat." Hier kommt m. E. deutlich zum Ausdrucke, daß die Fortexistenz der Lohnforderung an die Bedingung des Nichteintretens in ein anderes,

---

[1]) Rehbein Bem. 19 S. 187.

[2]) Wie hier Windscheid in der Heidelberger Kritischen Zeitschrift für die gesamte Rechtswissenschaft II. Bd., Heidelberg 1855, S. 106, insbes. S. 138 ff.; Behrend I. Bd. 1. Abt. S. 322 Anm. 12; Oertmann, B.-A. S. 37; Kohler in IheringsJ. XVII S. 364 ff.; Kisch S. 83 Anm. 4; Ebert S. 23. And. Meinung Mommsen I S. 355 ff. und III S. 305 Note 15 und S. 306 Note 16.

[3]) Windscheid-Kipp II S. 697 zu Note 7.

entsprechendes Dienstverhältnis geknüpft wird. Wenn der Dienstvermieter trotzdem Klage auf den Lohn erhebt, so steht ihm der Anspruch selbst nicht mehr zu; es handelt sich mithin um das Fehlen des Klagegrundes, dessen Vorhandensein der Richter von Amts wegen zu prüfen hat, ohne daß hierzu eine Einrede des Beklagten erforderlich ist. Auch Mommsen ist der Ansicht, daß in den gesetzten Fällen der Lohnanspruch des Dienstverpflichteten von selbst untergeht. Dies ergibt sich m. E. gerade aus dem, was Mommsen zur Unterstützung seiner Anschauung für das Vorhandensein eines Ersatzanspruches des Dienstvermieters vorbringt. Er hält es mit der Annahme eines Erfüllungsanspruches für unvereinbar, daß „der Vermieter die Gegenleistung nur insoweit verlangen kann, als er nicht durch eine anderweitige Verwendung der vermieteten Dienste einen Erwerb gemacht hat".[1] „Wir können das letztere nur dann in völlig genügender Weise erklären, wenn wir annehmen, daß die Gegenleistung in dem Falle der l. 19 § 9 cit. nicht als Gegenleistung, sondern als das Interesse, welches der Vermieter daran hatte, nicht an der Leistung der Dienste gehindert zu sein, verlangt werden kann."[2] Gesetzt nun einen Augenblick, daß wirklich lediglich das Interesse Gegenstand des Anspruches aus l. 19 § 9 und 10 ist, so ergibt sich schon aus den Grundsätzen des Schadensersatzrechtes — wie sie namentlich von Mommsen entwickelt wurden[3]) — daß der Anspruch des Dienstvermieters mit dem Fortfallen des Interesses auch von selbst in Wegfall kommt, so daß es auch hier zur Klageabweisung einer exceptio des Dienstmieters nicht bedarf. Und gerade der Umstand, daß der Anspruch auf die Gegenleistung verloren geht mit dem anderweitigen Vermieten der Dienste, war es, der Mommsen veranlaßte, zur Erklärung der zitierten Digestenstelle Zuflucht zu nehmen auf das Vorliegen eines Ersatzanspruches. Ich kann nun die Schlüssigkeit der Argumentation Mommsens absolut nicht zugeben. Wenn einmal das Gesetz vorschreibt, daß der Vermieter seinen Anspruch auf die vertragsmäßige Gegenleistung behalten soll, so kann es ebenso bestimmen, daß dieser Anspruch wieder wegfällt, falls der Dienstvermieter durch anderweitigen Erwerb den gleichen wirtschaftlichen Erfolg erzielt, wie wenn er den Lohn von dem ursprünglichen Dienstherrn bekommen hätte. Das ist nicht mehr wie billig. Deswegen allein braucht der Anspruch sich nicht schon in einen Ersatzanspruch zu verwandeln. Daß ein vertragsmäßiger Anspruch auf Erfüllung durch das Eintreten von gewissen Ereignissen von selbst in den Wegfall kommt oder sich mindert, ist keine so seltene Erscheinung im Rechtsleben als daß man sich da immer genötigt sehen würde, auf einen Interessenanspruch zurückzugreifen.[4])

---

[1]) Mommsen I S. 356.
[2]) Mommsen a. a. O.
[3]) Mommsen II S. 3 ff., S. 192 ff. [4]) Vgl. z. B. § 537 BGB.

Wenn man nun bedenkt, daß die l. 19 §§ 9, 10 cit. auch angewandt wurden in den Fällen, wo der Dienstherr die Unmöglichkeit der Dienste[1]) selbst verschuldet hatte,[2]) ferner auch ausgedehnt wurden auf die Sachmiete und auf den Werkvertrag,[3]) so liegt klar zutage, daß es sich hierbei um echte Fälle der Anrechnung handelt, wie sie nunmehr nach § 324 BGB. zu beurteilen sind. Zwar ergibt sich aus den hier angezogenen Quellenbelegen nicht unmittelbar, wie sich die Sache dann verhalten solle, wenn der anderweitige Erwerb den von dem ersten Dienstherrn versprochenen Lohn nicht erreicht. Doch steht sofort eines fest: Wenn man einmal das Wegfallen des ganzen Anspruchs ipso jure zugibt für den Fall, daß der anderweite Verdienst den früher versprochenen Lohn erreicht, so ist es nur logisch folgerichtig, dann eine ipso jure eintretende Minderung des Erfüllungsanspruches anzunehmen, wenn der anderweitige Erwerb hinter dem ursprünglichen Entgelt zurückbleibt. Wie denn auch Mommsen,[4]) allerdings vom Standpunkte des Interessenanspruches aus, dem Vermieter den Anspruch auf die Gegenleistung nur insoweit gibt, als dieser nicht durch anderweitige Verwendung seiner Dienste einen Erwerb gemacht hat.

Die hier vertretene Anschauung über die Bedeutung und die Tragweite der l. 19 § 9, 10 cit. findet sich in der Judikatur zum älteren Rechte. Ich erwähne statt aller ein Urteil des OG. Wolfenbüttel,[5]) das in ausführlicher Begründung darlegt, daß hier ein Kontraktsanspruch des Dienstvermieters auf den Lohn vorliege, daß dieser Anspruch durch anderweitige Verwertung der Dienste ganz oder zum Teil wegfalle und daß dieses Wegfallen beachtet werden müsse, mag es sich nun aus dem Vorbringen in der Klage selbst, aus den Einwendungen des Beklagten oder aus sonstigen Umständen ergeben.[6]) Also nirgends eine Spur von einer anrechnenden Tätigkeit des Dienstmieters in dem Sinne, als ob hiervon der Wegfall bzw. die Minderung des Anspruches des Dienstverpflichteten abhängig sei!

---

[1]) Vgl. hierüber Mommsen II S. 93 Anm. 8.

[2]) Mommsen I S. 357; Windscheid-Kipp II S. 697 oben § 401; Oertmann, B.-A. S. 35.

[3]) Mommsen I S. 95 Anm. 13, ferner S. 343/344; Oertmann, B.-A. S. 35; Windscheid-Kipp II S. 463; Dernburg, Pand. II S. 307.

[4]) Mommsen I S. 356.

[5]) In SeuffA. Bd. 28 Nr. 220 S. 363 ff.

[6]) Auch Kohler in IheringsJ. XVII S. 366 ff., der die Entschädigungstheorie Mommsen bekämpft, stellt sich auf den Standpunkt, daß der locator keinen doppelten Zeitlohn erhalten solle, von dem conductor, der die Leistung nicht annimmt, und zugleich von dem neuen Mieter. „So gelangt man zur Entscheidung, daß der locator nur das Plus verlangen kann, den Ueberschuß, um welchen die frühere Miete lukrativer war als die spätere". „Das, was der locator anderweitig verdient, ist ein Minus, welches von dem vertragsmäßigen Lohn abgeht, der Rest ist Gegenstand des Anspruches". — Auch Rosenberg S. 271/272 bezieht sich bei der Behandlung der Anrechnung auf das oben zitierte Urteil.

Das BGB. ist in einer Beziehung weiter gegangen als das bisherige Recht und hat die Bestimmungen ausgedehnt auf alle gegenseitigen Verträge, wenn auch wieder mit der Beschränkung auf die Fälle, wo die Unmöglichkeit der Leistung vom Schuldner zu vertreten ist (§ 324 BGB.). Daß dagegen in den übrigen Beziehungen im Verhältnis zum bisherigen Rechte keine Aenderung eingetreten ist, dafür spricht auch die engere Vorgeschichte des § 324. Die Motive selbst[1]) beziehen sich auf die oben zitierten Erörterungen Windscheids, die, wie gezeigt, nur in dem hier vertretenen Sinne ausgelegt werden können. Und selbst wenn der dem jetzigen § 324 entsprechende § 368 Abs. II Satz 2 des ersten Entwurfes lautete: „. . . . Der Gläubiger ist jedoch berechtigt, den Geldwert der Aufwendungen, welche der Schuldner infolge der Nichtleistung erspart hat, und wenn die Nichtleistung den Schuldner zur anderweitigen Verwendung seines Arbeitsvermögens in den Stand gesetzt hat, auch den Geldwert des Erwerbes, den der Schuldner durch die anderweite Verwendung seines Arbeitsvermögens gemacht oder zu machen unterlassen hat, in Abzug zu bringen," so ist doch hieraus kein Argument gegen die hier vertretene Ansicht zu gewinnen. Ganz abgesehen davon, daß die Bestimmung in dieser Fassung nicht Gesetz geworden ist, sondern mit dem Wortlaut: „Er (d. h. der Schuldner) muß sich jedoch anrechnen lassen," ist hier vor allem die Entstehungsgeschichte des späteren § 616 des BGB. vergleichsweise heranzuziehen. Der Vorläufer dieser Paragraphen, der § 562 des ersten Entwurfes, kennt eine Anrechnung überhaupt nicht. In der Kommission des Reichstages war beantragt, diesen Paragraphen zu ersetzen durch die nachstehende Vorschrift: „Der Dienstleistende wird seines Anspruches nicht verlustig . . . . usw. Der Anspruch mindert sich jedoch um denjenigen Betrag, welcher dem Verhinderten aus einer auf Grund gesetzlicher Verpflichtung bestehenden Krankenversicherung oder Unfallversicherung zukommt." Dieser Antrag wurde von der Kommission angenommen und hierbei ausdrücklich auf § 133 c Abs. II der Gewerbeordnung Bezug genommen, wo es ebenfalls heißt: „Der Anspruch mindert sich . . . usw." Späterhin wurde für den § 616 die jetzt geltende Fassung ohne ersichtlichen Grund angenommen. Daß man damit die frühere Konstruktion von der — von selbst eintretenden! — Minderung des Anspruches des Dienstverpflichteten verlassen und eine Anrechnung im Sinne der Bonnschen Auffassung kreieren wollte, dafür liegt aber auch nicht der geringste Anhaltspunkt vor; es handelte sich vielmehr nur um eine geringfügige redaktionelle Aenderung. Wenn aber hier die Anrechnung die Bedeutung einer Minderung des Anspruches ipso jure hat, so muß dies bei gleichem Wortlaut der beiden Gesetzstellen — wenigstens in den hier maßgebenden Teilen — auch für § 324 gelten.

---

[1]) Motive II S. 208/209.

2. Auch der § 552 hat seine Vorbilder im römischen Rechte. Nach diesem fällt die Verpflichtung des Mieters zur Zahlung des Mietzinses nicht dadurch weg, daß er von der ihm vertragsmäßig zur Verfügung gestellten Sache keinen Gebrauch macht, sei es nun, daß er hieran gehindert ist oder überhaupt keinen Gebrauch machen will.[1]) Auf dem gleichen Standpunkte steht auch die gemeinrechtliche Literatur.[2]) Auf das bisher geltende Recht nahmen auch die Motive[3]) Bezug und gehen davon aus, daß § 518 des ersten Entwurfes — der nachmalige § 552 BGB. — mit der in ihm vorgesehenen Regelung des Falles, daß der Mieter aus in seiner Person liegenden Gründen an der Benützung der Mietsache behindert ist, in dieser Beziehung nichts Neues bringe.[4]) Nun verweisen allerdings die Motive bei Begründung der in § 518 vorgesehenen Anrechnung auf l. 55 § 2 D. 19, 2. Diese Stelle lautet:

„Qui contra legem conductionis fundum ante tempus sine justa ac probabili causa deseruerit, ad solvendas totius temporis pensiones ex conducto conveniri potest, quatenus locatori in id quod interest indemnitas servetur."

Nach den letzten Worten „quatenus . . . indemnitas servetur" könnte es auf den ersten Augenblick den Anschein haben, als handle es sich hier um einen reinen Schadensersatzanspruch. Und Mommsen[5]) bezieht sich bei Begründung seiner Auffassung über die rechtliche Natur des Anspruches des Dienstpflichtigen, wie er sich aus der eben abgehandelten l. 19 § 9 cit. ergibt, ausdrücklich auf den Schluß der l. 55 § 2. Wie ich glaube, irrt Mommsen auch in seiner Anschauung über die Rechtsnatur des Anspruches aus der l. 55 § 2 cit. Die Stelle sagt bei unbefangener Auslegung lediglich, daß der Mieter von der vertraglichen Pflicht zur Zahlung des Mietzinses nicht frei wird, wenn er die ihm zur Verfügung gestellte Sache nicht gebraucht; dem Mieter wird trotzdem sein Anspruch gewahrt. Und daß es der vertrasmäßige Anspruch auf den Mietzins ist, darüber lassen die Worte „ad solvendas totius temporis pensiones ex conducto conveniri potest" nicht den mindesten Zweifel aufkommen. Der Nachsatz „quatenus etc. . . ." hat lediglich die Bedeutung, klarzulegen, daß der dem Vermieter verbleibende Anspruch wirtschaftlich denselben

---

[1]) Vgl. l. l. 24 § 2; 27 § 1; 55 § 2; 61 § 1 D. 19, 2; ferner, wie schon früher erwähnt arg. l. 19 § 9—10 D. 19, 2.

[2]) Mommsen I S. 95 Anm. 13, S. 343, 344; Windscheid-Kipp S. 688; Oertmann, Komm. Bem. 1 zu § 552 S. 502, Bem. 3 zu § 552 S. 502. Auch Larenz S. 24 Anm. 1 erklärt, daß der Entwurf zu einem BGB. die Bestimmung der c. l. c. d. — Larenz zählt demnach anscheinend zu den Anhängern der Entschädigungstheorie! — beim Mietverhältnis aus dem gemeinen Rechte herübergenommen habe. Vgl. auch Kohler im Archiv XIII S. 246.

[3]) Motive II S. 399/400.

[4]) Vgl. auch Kuhlenbeck, Handkommentar Bem. 1 zu § 552 S. 452.

[5]) Mommsen I S. 94 Anm. 12 zu § 10, S. 356.

Zweck verfolgt wie ein Schadensersatzanspruch. Statt aller weiteren Begründung sei hier verwiesen auf ein Urteil des OG. Wolfenbüttel.[1]) Dieses Gericht vertritt unter Bezugnahme auf l. 55 § 2 D. 19, 2 zunächst die Meinung, daß dem Vermieter bei Verhinderung des Mieters an der Ingebrauchnahme der Sache der Anspruch auf die Zahlung des Mietzinses als Gegenleistung, nicht etwa als Entschädigung zustehe. Alsdann fährt es fort: „Dieser Stelle finden sich zwar die Worte angehängt: quatenus etc. (auf daß der Vermieter, soweit sein Interesse reicht, schadlos bleibe). In Anbetracht jedoch, daß in den vorangehenden Worten dem Vermieter ausdrücklich eine Klage auf Zahlung des Mietzinses gegeben wird, lassen sich die hinzugefügten Worte nicht wohl von einem andern Gegenstande, auf welchen der Vermieter seine Klage zu richten habe, von einer Entschädigungsklage, vielmehr nur dahin verstehen, daß der Vermieter die auf Zahlung des Mietzinses zu richtende Klage insoweit einzuschränken habe, als seine Schadloshaltung gestatte." Mit diesen Worten sind wir auch in dem Kernpunkte der uns hier interessierenden Frage angelangt. Wenn nämlich nach bisherigem Rechte der Anspruch des Vermieters nach der l. 55 § 2 cit., mag man ihn nun als Vertragsanspruch oder als Ersatzanspruch qualifizieren, dadurch von selbst eine Einschränkung erfuhr, daß der Vermieter die Mietsache anderweitig verwertete, wenn ferner nach den Gesetzgebungsverhandlungen das neue Recht sich in dieser Beziehung ganz an das geltende Recht anschließen soll und endlich auch der Wortlaut des zum Gesetz gewordenen § 552 selbst, wie oben[2]) zu § 324 schon entwickelt habe, der hier vertretenen Auslegung zum mindesten nicht entgegensteht, so ist es zweifellos auch nach BGB. Rechtens, daß bei dem Erfüllungsanspruche des Vermieters aus § 552 von selbst eine Reduzierung eintreten soll, wenn der Vermieter inzwischen anderweitige Vorteile aus dem Gebrauche der Mietsache zieht. Wäre das anders, würde dem Vermieter trotzdem der Anspruch auf den Mietzins in seiner vollen Höhe verbleiben, obwohl für den Zeitraum wenigstens, während dessen der Vermieter die anzurechnenden Vorteile aus der Benützung der Mietsache zieht, der Vermieter zur vertragsmäßigen Leistung an den Mieter außerstande ist, so könnte man einem Gesetzgeber den Vorwurf der Inkonsequenz nicht ersparen, der im gleichen § 552 bestimmt, daß der Vermieter dann seinen ganzen Anspruch auf den Mietzins von selbst verlieren soll, wenn er überhaupt außerstande ist, dem Mieter den Gebrauch der Sache zu gewähren. Daher ist auch für § 552 die Annahme abzulehnen, daß es zur Anrechnung einer Tätigkeit des anrechnenden Schuldners, ähnlich wie bei der Aufrechnung, bedürfe.

3. Zu dem gleichen Ergebnisse gelangt man bezüglich der in § 615 statuierten Anrechnung. Auch § 615 geht zurück auf das

---

[1]) In SeuffA. Bd. XXIII Nr. 123 S. 197.

[2]) Vgl. oben S. 36.

bisher geltende Recht,[1]) das wiederum sich stützt auf l. 19 § 9, 10 D. 19, 2. Es mag daher genügen, statt weiterer Begründung die vorausgegangenen Erörterungen über die zitierten Digestenstellen und ihre Beziehungen zum bürgerlichen Rechte ins Gedächtnis zurückzurufen. Aus dem Partikularrechte sei erwähnt eine Bestimmung der preußischen Gesindeordnung vom 8. November 1810. Die §§ 161, 162 l. c. bestimmen zunächst, daß die Dienstherrschaft, die einen Dienstboten vorzeitig ohne gesetzmäßigen Grund entläßt, für die noch rückständige Dienstzeit Lohn, Kost usw. zu gewähren habe; § 163 ordnet sodann an:

„Kann aber das Gesinde noch vor Ablauf der Dienstzeit ein anderweitiges Unterkommen erhalten, so erstreckt sich die Vergütungsverbindlichkeit der Herrschaft nur bis zu diesem Zeitpunkte und weiter hinaus nur insoferne, als das Gesinde sich in dem neuen Dienste mit einem geringeren Lohn hat begnügen müssen.“

Diese Bestimmung kann wohl kaum anders gedeutet werden, als daß sich der Anspruch des Dienstboten von selbst reduziert bzw. daß er ganz wegfällt, je nachdem der Lohn des Dienstpflichtigen in der neuen Dienststelle hinter dem früheren zurückbleibt oder ihm gleichkommt, ohne daß hierzu eine anrechnende Tätigkeit des Dienstherrn vorausgesetzt wird.

4. Der § 616 hat ein unmittelbares Vorbild im römischen Rechte nicht. Immerhin wurde gemeinrechtlich wenigstens für die locatio conductio operarum vielfach die Lehre aufgestellt, daß eine unbedeutende Verhinderung zur Dienstleistung, die ihren Grund in einem in der Person des Dienstpflichtigen eingetretenen Zufall hatte, den Dienstberechtigten, sei es allgemein oder nur unter gewissen Voraussetzungen, zu einem Lohnabzuge nicht berechtige.[2]) Dagegen hat Art. 60 des alten HGB. (= § 63 I HGB. neu!), den die Motive ausdrücklich als Vorbild des § 616 BGB. bezeichnen, vorgeschrieben, daß der Handlungsgehilfe, welcher durch unverschuldetes Unglück an der Leistung seiner Dienste zeitweilig verhindert wurde, dadurch seines Anspruches auf Lohn und Gehalt auf die Dauer von sechs Wochen nicht verlustig gehe. Von einer Anrechnung war zwar hier ausdrücklich nichts bestimmt. Dennoch wurde sie zugelassen. So z. B. von Staub,[3]) der hierzu kommt auf Grund seiner — m. E. irrigen — Auffassung von der Natur des Anspruches aus Art. 60. Der gleichen Ansicht ist Behrend, der[4]) „eine billige Rücksichtnahme auf etwaigen andern vom Handlungsgehilfen während der Dauer der Behinderung gemachten Er-

[1]) Motive II S. 462; Mommsen I 362, III 304/305; cf. Oertmann, Komm. Bem. 1 zu § 615 S. 598; vgl. auch Dernburg, Pandekten II § 112 S. 311 unter b.

[2]) Motive II S. 463, 464; Oertmann Bem. 1 zu § 616 S. 603; Mommsen I S. 363 Anm. 12; Krahmer § 14 S. 131; Rönnberg S. 178—183 mit Literaturangaben für und wider.

[3]) Staub, Komm. zum allgem. DHGB. 5. Aufl. § 3 zu Art. 60 S. 118.

[4]) Behrend § 45 S. 324 Anm. 37.

werb" empfiehlt und für den Fall, daß der Handlungsgehilfe den Unterhalt nicht vom Prinzipal, sondern, ohne selbst Aufwendungen zu machen (also als reines lucrum), in anderer Weise erhält, den sonst bestehenden Erstattungsanspruch des Handlungsgehilfen gegen den Prinzipal wegfallen läßt. Also genau dieselbe Beeinflussung des Anspruches durch ein dem Gehilfen zufließendes lucrum wie bei der c. l. c. d., obwohl Behrend anders wie Staub der Ansicht ist, es handle sich um den vertraglichen Anspruch auf die Gegenleistung.[1])

Das Hauptargument für die Richtigkeit der hier vertretenen Auffassung bildet jedoch die unmittelbare Entstehungsgeschichte der Anrechnung nach § 616 selbst. Ich habe hierüber schon früher[2]) gesprochen und brauche hier nur das eine zu betonen: wenn, wie die Gesetzesgebungsverhandlungen[3]) zeigen, der Abs. II des § 133 c Satz 2 der Reichsgewerbeordnung für die Aufnahme des Satzes 2 § 616 vorbildlich war, nach der Gewerbeordnung aber der vertragsmäßige Anspruch der betreffenden Dienstpflichtigen durch die ihnen zukommenden, im Gesetze genau bezeichneten Vermögensteile sich von selbst mindert, so muß doch wohl dasselbe angenommen werden für den genau gleichgelagerten Fall des § 616.[4])

5. Die Vorschrift des § 617 hat im römischen und gemeinen Rechte keinen Vorgang. Auch in den Entwürfen des BGB. war eine derartige Bestimmung nicht vorgesehen. Sie fand erst später durch die Reichstagskommission Aufnahme. Doch lehnt sie sich an die Vorschriften einiger Gesindeordnungen an, so z. B. § 86, 87 der preußischen Gesindeordnung vom 8. November 1810; § 26 der Gesindeordnung für die Rheinprovinz. In diesen Dienstbotenordnungen ist jedoch eine Anrechnung der Kosten für ärztliche Behandlung und Verpflegung ausgeschlossen; daher sie für die hier interessierende Frage nicht weiter in Betracht kommen. Allein aus dem ganzen Zusammenhange des § 617 mit den §§ 615 und 616 folgt mit Notwendigkeit, daß der Begriff Anrechnung nach § 617 im gleichen Sinne ausgelegt werden muß wie in den beiden vorhergehenden Bestimmungen. Allerdings ist für die Anrechnung nach § 617 eine Besonderheit gegeben, deren Darstellung ich mir für eine spätere Stelle vorbehalten muß.

6. Hinsichtlich des § 649 BGB. dagegen findet die hier verfochtene Meinung ihre Stütze schon in der ganzen Entstehungsgeschichte des Gesetzes. Während im gemeinen Rechte und im preußischen Landrechte bestritten war, ob der Besteller den Werkvertrag jederzeit beliebig kündigen könne, vorbehaltlich der Leistung der versprochenen Vergütung, enthalten mehrere neuere Gesetzgebungswerke Bestimmungen, wie sie nunmehr sich auch in § 649

---

1) Behrend S. 323.
2) Siehe oben S. 36.
3) Protokolle f. d. 2. Lesg. Bd. II S. 280 ff.
4) Vgl. hiezu auch Nelken in DJZ. IX S. 210 ff.

BGB. finden. Alle diese Gesetzgebungen, wie sie von den Motiven[1]) ausdrücklich als vorbildlich für das BGB. erklärt werden, gehen zurück auf Art. 1794 des Code civil. Er lautet:

Le maître peut résilier par sa seule volonté le marché à forfait, quoi que l'ouvrage soit déjà commencé, en dédommageant l'entrepreneur de toutes ses dépenses, de tous ses travaux et de tout ce qu'il aurait pu gagner dans cette entreprise.

Zunächst ist zu betonen, daß der in Art. 1794 C. c. dem Unternehmer gewährte Anspruch kein Entschädigungsanspruch ist — trotz des Wortes „dédommageant"; ich verweise hier auf den analogen Fall der l. 55 § 2 D. 19, 2[2]) —, sondern ein kontraktlicher Anspruch auf die vertragsmäßige Gegenleistung.[3]) Insoweit schließt sich § 649 genau an Art. 1794 C. c. an. Aber auch in seinem sonstigen Inhalte stimmt § 649 BGB. mit Art. 1794 völlig überein, indem der Unternehmer nach beiden Bestimmungen das gleiche bekommt. Nur insoferne schlagen die zwei Vorschriften den entgegengesetzten Weg ein, als Art. 1794 darüber Bestimmung trifft, was der Unternehmer bekommt, während § 649 BGB. aufzählt, was dem Unternehmer an der Vergütung wieder abgeht, und es ist wohl mehr als Zufall, wenn Crome bei Erläuterung des Art. 1794 sagt, der Rücktritt verpflichte den Besteller auf die bedungene Leistung, wie wenn das Werk vollendet wäre, unter Abzug dessen, was der Uebernehmer durch das Unterbleiben der Anfertigung erspart hat,[4]) ferner desjenigen, was er während der zur Arbeit erforderlichen Zeit, wenn diese geleistet worden wäre, anderweitig verdient hat";[5]) also fast genau dieselben Worte, wie sie späterhin Aufnahme in § 649 BGB. gefunden haben, nur daß sich hier noch die Anrechnung auch des böswillig unterlassenen Erwerbs findet.

Aehnlich ist es mit § 1252 des sächsischen BGB., welcher bestimmt:

„Der Besteller kann jederzeit von dem Vertrage abgehen. Geht er davon ab, oder wird die Ausführung der Bestellung durch seine Verschuldung oder durch einen in seiner Person eingetretenen Zufall gehindert, so kann der Unternehmer nicht Ausführung der Bestellung, sondern nur Vergütung der bereits geleisteten Arbeiten und der gemachten Auslagen, sowie Ersatz des gezogenen Gewinnes fordern."

---

[1]) Motive II S. 502/503; s. auch Kohler im Archiv XIII S. 165 Anm. 13.

[2]) Siehe oben S. 37/38.

[3]) Crome, Grundlehren S. 194 Anm. 44; Kohler in JheringsJ. XVII S. 370. Die Motive II S. 503 sehen allerdings anscheinend in der erwähnten Bestimmung des Code civil wie in den gleich zu behandelnden andern Vorschriften Ansprüche auf Schadensersatz.

[4]) Crome, Grundlehren S. 185.

[5]) Crome, Grundlehren S. 195; ferner derselbe im Handbuch des französischen Zivilrechts II. Bd. S. 592, 580 Anm. 15.

Der Vollständigkeit halber sei auch noch der Art. 369 des schweizerischen Bundesgesetzes über das Obligationenrecht angeführt:

„Solange das Werk unvollendet ist, kann der Besteller gegen Vergütung der bereits geleisteten Arbeit und gegen volle Schadloshaltung des Unternehmers jederzeit vom Vertrage zurücktreten."

Mag man nun in den drei ihrem Wortlaute nach angeführten Bestimmungen, wie sie für das BGB. vorbildlich waren, Erfüllungs- oder aber Ersatzansprüche finden, soviel ergibt sich in dem einen oder andern Falle schon aus ihrer Fassung: Der Anspruch des Unternehmers bei Rücktritt des Bestellers bleibt nicht ungeschmälert bestehen, so daß es Sache des Bestellers wäre, durch irgendwelche anrechnende Tätigkeit seine Minderung herbeizuführen; er ist vielmehr gewissen, von selbst eintretenden Beeinflussungen in seiner Höhe unterworfen, sei es sofort beim Rücktritte (Ersparungen) oder in einem späteren Zeitpunkte (anderweitiger Erwerb). Würde der Unternehmer trotzdem den ganzen Werklohn einklagen, so würde seine Klage schon von vorneherein je nachdem ganz oder teilweise des Klagegrundes entbehren.

Sollte nun das BGB. den ihm durch die angegebenen Gesetze vorgezeichneten Weg wirklich verlassen haben und, während es sich ihnen im übrigen unbedingt anschloß, davon ausgehen wollen, daß der Erfüllungsanspruch des Unternehmers von den die Anrechnung begründenden Tatsachen unberührt bleiben sollte, bis der Besteller eine eigene, rechtsgeschäftliche Anrechnungserklärung abgibt? Das darf ohne zwingende Gründe nicht angenommen werden.

II. Aber auch innere Gründe stehen der hier vertretenen Auffassung nicht im Wege.[1]) Zweifellos ist, daß die Anrechnung dem Schutze des Schuldners dient, wenn dies auch nicht ihr einziger Zweck ist.[2]) Allein selbst wenn man das Interesse des Anrechnenden in den Vordergrund stellt, so wird doch dieser Schutz viel nachhaltiger gewährleistet,[3]) wenn die Anrechnung ipso jure eintritt, wie ja auch in anderen Fällen, wo ebenfalls der Schuldner geschützt werden soll, eine Minderung von selbst sich vollzieht.[4]) Dies ist um so unbedenklicher, als Gründe, wie sie gegen den ipso-jure-Eintritt der Aufrechnung vorgebracht werden, für die Anrechnung keine Geltung beanspruchen können.[5]) Es liegt mir ferne, die alte Streitfrage über die ipso-jure-compensatio von neuem aufzurollen; allein wie man sich zu ihr auch stellen mag, so wird man doch nie dazu kommen dürfen, daß die Anrechnung ebenso wenig ipso jure sich vollziehen könne wie die Aufrechnung. Wenn

---

[1]) Wie Bonn S. 90 annimmt.
[2]) Siehe hiezu schon oben S. 24/25.
[3]) Vgl. oben S. 32.
[4]) So z. B. § 323 Abs. I 2. Halbsatz, § 537.
[5]) Wie Bonn S. 90 vermeint.

man bezüglich der Aufrechnung sagt,[1]) der Umstand, daß eine Gegenforderung des Schuldners existiere, berühre an und für sich die Forderung des Gläubigers nicht und mache begrifflich deren Untergang nicht nötig, so mag das eine gewisse Berechtigung haben. Denn die Gegenforderung ist selbständiges Vermögensobjekt des Schuldners; sie braucht nicht in dem geringsten Zusammenhange mit der Forderung des Gläubigers zu stehen, sondern kann in einem ganz heterogenen Rechtsverhältnis ihren Grund haben, sie kann durch Abtretung, Ueberweisung, Erbgang erworben sein. Es erscheint daher nur als eine billige Rücksichtnahme auf den Schuldner, wenn es ihm einerseits gestattet wird, durch die Gegenforderung Einfluß auf die Forderung auszuüben, andrerseits ihm aber auch anheim gegeben wird, diesen Einfluß tatsächlich auszuüben. Alle diese Erwägungen müssen gegenüber der Anrechnung versagen. Vor allem fehlt es bei ihr — und darin liegt der fundamentale Unterschied von der Aufrechnung, der es von vornherein unmöglich erscheinen läßt, die für die Aufrechnung geltenden Grundsätze einfach auf die Anrechnung herüberzunehmen — an einem selbständigen Objekte, das aus dem Vermögen des Schuldners stammend dem Erfüllungsanspruche des Gläubigers gegenübertritt, es fehlt an einem Anspruche des Schuldners auf das dem Gläubiger zugeflossene lucrum.[2]) Wenn also die Anrechnung ipso jure eintritt, so wird damit keineswegs in die Vermögenssphäre des Schuldners eingegriffen, ihm gewissermaßen gegen seinen Willen ein Vermögensobjekt unter den Händen weggezogen und dafür eine Befriedigung aufgenötigt, die vielleicht seinen Interessen direkt zuwiderläuft. Davon kann gar keine Rede sein. Aber auch die sonstigen Gründe, mit denen man die Lehre von dem ipso-jure-Eintreten der wirklichen Aufrechnung bekämpft, sind im Verhältnis zur Anrechnung unstichhaltig. Die rechtliche Möglichkeit eines Verzichtes auf die eine Forderung mit der Wirkung, daß die Gegenforderung bestehen bleibt; die Möglichkeit, daß der Schuldner, statt aufzurechnen seine Schuld bezahlt und doch seine Gegenforderung im Wege selbständiger Klage geltend macht; die Tatsache des Fortbestehens der Korrealobligation, obwohl dem einen der Schuldner eine Gegenforderung erwachsen ist, all das spricht zwar gegen die ipso jure compensatio, vermag aber gegen den Eintritt ipso jure der Anrechnung nicht ins Feld geführt werden, weil es hier an einer koexistierenden, selbständigen Forderung des Schuldners überhaupt gebricht. Vielmehr ist zu betonen, daß der Zweck der fraglichen Vorschriften über die Anrechnung, nämlich einerseits dem einen Vertragskontrahenten seinen Erfüllungsanspruch zu wahren, andrerseits dennoch gewisse, außerdem dem Gläubiger zufließende Vermögensvorteile dem Schuldner zugute kommen zu lassen und so eine unbillige Bereicherung des

1) Dernburg, Kompensation S. 293.
2) Siehe oben S. 26.

Gläubigers zu vermeiden, sich in Wahrheit nur dann vollkommen erreichen läßt, wenn die Berücksichtigung des schuldnerischen Interesses — in Gestalt der Anrechnung — ipso jure durch Wegfallen bzw. Minderung des Erfüllungsanspruches des Gläubigers erfolgt.

III. Die Richtigkeit meiner Auffassung über das Wesen der Anrechnung ergibt sich vollends zweifellos, wenn man die Vorschriften über die Anrechnung beim Erfüllungsanspruch in Zusammenhalt bringt mit den übrigen Bestimmungen, in denen das BGB. in ähnlicher Weise eine Anrechnung vorschreibt. So mindert sich in § 1174 Abs. II die dem Eigentümer zufallende Hypothek von selbst um den „anzurechnenden" Teil der für den persönlichen Schuldner entstehenden Teilhypothek. Beim Nutzpfand nach § 1214 I reduziert sich die dem Pfandgläubiger zustehende Forderung in der in Abs. II angegebenen Reihenfolge um den Reinertrag der „anzurechnenden" Nutzungen von selbst in dem Augenblicke, in welchem die Nutzungen in das Vermögen des Pfandgläubigers fließen; damit verringert sich auch die Haftung des Pfandes, ohne daß es einer besonderen Geltendmachung von seiten des Pfandschuldners bedürfte. Bei gewissen Familien- und erbrechtlichen Auseinandersetzungsansprüchen (§§ 1476 II, 1500 II, 1501, 1511 III, 2055 I, 2315 I, 2316 II, 2327) tritt die Anrechnung, wie sie dort sich findet, ebenfalls von selbst ein. So ist z. B. im Falle des § 2055 bei der Erbenauseinandersetzung der Anteil eines jeden Miterben, mag er sich nun gewisse Beträge anrechnen lassen müssen oder nicht, schon von Anfang an fest bestimmt. Die rechnerische Manipulation, die man freilich vorzunehmen gezwungen ist, dient nur dazu, um den objektiv schon feststehenden Anteil auch nach außen hin in die Erscheinung zu bringen. Deswegen aber hat sich der Anteil desjenigen Miterben, dem gegenüber anzurechnen ist, weder verringert, noch der Anteil desjenigen, dem die Anrechnung zugute kommt, vergrößert. Die Veränderung der Erbanteile, wie sie sich nach den Anrechnungsvorschriften ergibt, ist schon unmittelbar nach dem Erbfalle von selbst durch das bloße Vorliegen von anrechnungsfähigen Beträgen eingetreten.

Wir sehen also: überall, wo das Gesetz vorschreibt, daß sich jemand gewisse Vermögensvorteile anrechnen lassen muß, tritt diese Anrechnung von selbst ein, ohne daß es einer Tätigkeit desjenigen bedürfte, dem die Anrechnung zugute kommt. Warum hätte das Gesetz gerade bei der Anrechnung auf den Erfüllungsanspruch eine Ausnahme machen und zu ihrem Eintritt eine besondere rechtsgeschäftliche, einseitige empfangsbedürftige Willenserklärung des Schuldners gegenüber dem Erfüllungsgläubiger für notwendig erachten sollen?

Ich fasse das Resultat der angestellten Untersuchungen kurz zusammen:

Die Anrechnung beim Erfüllungsanspruch läßt sich nicht unter irgendeinen anderen allgemeinen Rechtsbegriff des BGB. subsumieren. Sie ist ein selbständiger Rechtsvorgang und kann bezeichnet werden als die ipso jure eintretende gänzliche oder teilweise Tilgung einer Forderung dadurch, daß der Gläubiger gewisse Vermögensvorteile erwirbt oder in bestimmten Fällen zu erwerben unterläßt.

IV. Mit dem eben vorgetragenen Ergebnis meiner Darstellung stimmen einige von den wenigen Schriftstellern, die dem Problem der Anrechnung beim Erfüllungsanspruche überhaupt Beachtung geschenkt haben, überein. So wenigstens bezüglich des § 617 Windscheid-Kipp,[1]) wenn er sagt, daß der Vergütungsanspruch des Dienstpflichtigen sich ipso jure um das entsprechende (d. i. um den Betrag der Kosten der ärztlichen Behandlung usw.) mindert. Diese Ansicht wird ausdrücklich gebilligt von Schultzenstein,[2]) so daß also wenigstens bei ihm mit dem Ausdruck „tatsächliche Einbeziehung einer bereits bewirkten Leistung in eine andere Leistung" die ipso-jure-Minderung bzw. Tilgung der Forderung zu verstehen ist. Auch Crome[3]) erklärt bezüglich der Anrechnung nach §§ 617 und 649: „Eine eigentliche Aufrechnung ist dies nicht. Der Anspruch des Bediensteten (sc. des Unternehmers) ist entsprechend gemindert." Siber[4]) nimmt zur Frage der Anrechnung ebenfalls in dem hier vertretenen Sinne Stellung, wenn er sagt: „Die Aufrechnung ist ferner nicht nur rechnungsmäßige Absetzung von Beträgen, um die Forderung und Gegenforderung schon kraft Gesetzes gemindert wären; sie ist nicht bloße „Anrechnung", und führt als Beispiele für diese Anrechnung die §§ 367, 552, 1511 III, 2315, 1476 und 1500 BGB. an. Auch Kohler[5]) erblickt in den nach den §§ 324, 552, 615, 649 zugelassenen Abzügen an dem Anspruche des Berechtigten keine Einrede, sondern eine Versagung des Rechtes.

Stintzing[6]) behandelt die Frage nach der Anrechnung in den §§ 324, dann 615 und 649 im Zusammenhange mit der von ihm reprobierten c. l. c. d. und kommt auch bezüglich der ersteren zu einem negativen Ergebnisse. Allerdings sind die von ihm angestellten Untersuchungen m. E. nicht imstande, den Begriff der Anrechnung beim Erfüllungsanspruche[7]) gänzlich auszuschalten. Stintzing unterscheidet nach der Art der Anrechnungsgegenstände. Er sagt nämlich bezüglich der Ersparungen: „Hier handelt es

---

[1]) S. 699.
[2]) S. 76 Anm. 171.
[3]) Crome, System II § 258 S. 651 Anm. 32 und § 259 S. 655 Anm. 25. Aehnlich auch bezüglich des § 552 a. a. O. § 247 S. 547 Bem. 1a.
[4]) § 17b S. 131.
[5]) Lehrbuch I S. 199 Anm. 1.
[6]) Stintzing S. 39 ff.
[7]) Denn nur diese Art der Anrechnung interessiert für die vorliegende Arbeit.

sich einfach darum, daß häufig in der Gegenleistung ein Aequivalent für Aufwendungen enthalten ist. Wenn dann der Gläubiger die Leistung nicht abnimmt, so hat unter Umständen der Schuldner keine Aufwendungen machen müssen und er kann sie deshalb nicht verlangen." Das kann man im Ergebnis Wort für Wort unterschreiben. Wie sich die Sache aber juristisch erklärt, warum insbesondere keine Vorteilsanrechnung vorliegen soll, darüber schweigt sich Stintzing aus. Damit vermag jedoch der Begriff der Anrechnung nicht aus der Welt geschafft zu werden.

Der rechtliche Vorgang ist vielmehr folgender: Die Forderung z. B. des Unternehmers gegen den Besteller auf Zahlung des Werklohnes gelangt zur Entstehung sofort mit dem Abschlusse des Werkvertrages, und in ihrer vollen, vertragsmäßigen Höhe, nicht etwa erst sukzessive mit der fortschreitenden Fertigstellung des Werkes und entsprechend dem Werte der geleisteten Arbeit und der bereits verwendeten Zutaten; nicht die Existenz der Forderung selbst, sondern nur ihre Fälligkeit ist abhängig von der Vollendung bzw. Abnahme des Werkes (§§ 641, 646 mit 631). Kündigt nun der Besteller nach § 649, so ist für den Unternehmer durch Befreiung von einer sonst unvermeidlichen Vermögensminderung ein „Vorteil" — dieser Ausdruck dürfte für die fragliche Erscheinung weder mit den Gesetzen der Sprache noch denen der Logik im Widerspruch stehen —, ein damnum cessans oder mit Mayr[1]) eine „gewissermaßen negative Bereicherung durch Nichtverminderung des Vermögens" entstanden. Um den Betrag dieses lucrum wird aber der bisher in seiner vollen Höhe bestehende Erfüllungsanspruch je nach Umständen gänzlich getilgt oder doch gemindert, oder, wie eben das Gesetz sich ausdrückt, die Ersparungen werden auf den Erfüllungsanspruch angerechnet.

Zu den Abzügen in §§ 324, 615, 649 äußert sich Stintzing folgendermaßen: „Wir würden nun an sich gerne bereit sein in diesen Abzügen eine compensatio lucri cum damno anzuerkennen, denn offenbar trägt der Dienstberechtigte die Gefahr seiner Unfähigkeit, die Dienste abzunehmen. Allein der Begriff des lucrum wäre hier ein schiefer. Ein lucrum wäre auf seiten des Dienstpflichtigen dann vorhanden, wenn er seinen Lohn zweimal fordern könnte. Dieses lucrum kann nicht kompensiert werden, sondern es soll gar nicht entstehen, und selbst wenn man hier von einer Kompensation sprechen wollte, so bliebe ja ganz unaufgeklärt, welches das lucrum sei, ob der Lohn des ersten Dienstberechtigten oder des zweiten." Um gleich an den letzten Einwand anzuknüpfen, so wäre er wohl besser nicht erhoben worden. Er erledigt sich durch die einfache Erwägung, daß es sich um die Anrechnung gegenüber der Lohnforderung aus dem früher abgeschlossenen Dienstvertrag handelt, der gegenüber doch wohl nur der

[1]) v. Mayr S. 125.

Anspruch gegen den neuen Dienstberechtigten als lucrum erscheinen kann. Der andre Einwand Stintzings krankt wie sein bereits angeführter Begründungsversuch gegen das Vorliegen einer Anrechnung bei Ersparungen daran, daß Stintzing über dem sinnfälligen Erfolg der Anrechnungsvorschriften den rechtlichen Vorgang übersieht. Der Dienstverpflichtete erwirbt die Lohnforderung gegen den Dienstberechtigten sofort mit Abschluß des Dienstvertrags, sei es für die ganze vertragsmäßige Dienstdauer (bei bestimmter Dienstdauer), sei es bis zum nächst zulässigen Kündigungstermin. Diese Forderung bildet ein Vermögensobjekt des Dienstverpflichteten. Genau so ist es, wenn der Dienstverpflichtete den zweiten Dienstvertrag abschließt. Die neue Forderung aber ist doch wohl im Verhältnis der ursprünglichen Vertragskontrahenten ein lucrum, ein Vorteil, den der Dienstverpflichtete nicht erlangt hätte, wenn der Dienstberechtigte (der ursprüngliche) auf Leistung der ihm versprochenen Dienste bestanden hätte. Und dieses lucrum wird auch hier wieder von dem Gesetze zur Tilgung oder Minderung der ursprünglichen Lohnforderung verwendet oder es wird, um mit dem Gesetze zu sprechen, angerechnet.

Ich glaube also, man wird trotz Stintzing auch in der Zukunft mit dem Begriffe der Anrechnung zu rechnen haben.

Wenn wir nun fragen, welche Stellung im Rechtssystem die Anrechnung einnehmen soll, so ist hier folgendes in Erwägung zu ziehen: Allen Fällen der hier behandelten Anrechnung ist gemeinsam, daß der Erfüllungsanspruch ganz oder teilweise getilgt wird. Dennoch liegt eine Erfüllung des Schuldverhältnisses, wie sie § 362 I im Auge hat, nicht vor. Denn entweder erhält der Gläubiger eine andere als die geschuldete Leistung, oder aber durch den die Anrechnung begründenden Tatbestand wird zwar seinem Vermögen der gleiche Gegenstand zugeführt, als wie der geschuldete, jedoch nicht als Erfüllung des ursprünglichen Schuldverhältnisses, sondern kraft eines neuen, von dem früheren völlig unabhängigen.[1]) Die Anrechnung ist also nur Erfüllungssurrogat.[2]) Sie hat daher systematisch ihren Platz zu finden in der Lehre von der Tilgung der Obligation.

§ 8.

Allgemeines hinsichtlich der Anrechnungsgegenstände.

In Ansehung der Anrechnungsgegenstände bei der compensatio lucri cum damno haben sich im Laufe der Zeiten in Theorie und Praxis Grundsätze herausgebildet, die wohl auch noch für das BGB. im allgemeinen Geltung beanspruchen können. Für die

[1]) Siehe oben S. 27/28.
[2]) So auch Bonn S. 88.

Anrechnung beim Erfüllungsanspruche hat das BGB., wie wir bereits gesehen haben, die Tendenz verfolgt, die Anrechnungsgegenstände jedesmal im einzelnen aufzuzählen. Als Substrat der verschiedenen Vorschriften mögen folgende Sätze gelten:

1. Während im allgemeinen die Beschaffenheit des betreffenden Anrechnungsgegenstandes gleichgültig ist, so ist doch zu beachten, daß anrechnungsfähig nur abschätzbare Vermögensvorteile sind. Zu dem bereits an anderer Stelle[1]) erwähnten Beispiele mag noch folgendes hinzugefügt werden: Wenn ein Ausgeher einen eigenen Arbeitsanzug nicht besitzt, so wird nichts angerechnet werden dürfen deswegen, weil nun etwa die Kleider des vorzeitig grundlos entlassenen, stellenlosen Ausgehers etwas weniger abgenützt werden, als wenn er für seinen Arbeitgeber die gewohnten Dienstgänge machen müßte.

2. Einer Gegenseitigkeit der bei der Anrechnung gegenübertretenden Forderung und des lucrum, wie sie für die Aufrechnung vorausgesetzt wird (§ 387), bedarf es nicht. Das ergibt sich klar aus der Art der anzurechnenden Vorteile selbst. Bei der Anrechnung anderweitigen Erwerbes handelt es sich ja zumeist wohl nicht um Vermögenswerte, die aus dem Vermögen des Erfüllungsschuldners stammen; der Gläubiger macht diesen Erwerb nicht auf Rechnung des ursprünglichen Schuldners, sei es als Geschäftsführer ohne Auftrag oder zufolge eines wirklichen Auftragsverhältnisses.

3. Ebensowenig ist erforderlich eine Gleichartigkeit von Forderung und Anrechnungsgegenstand. Nur eines ist für die echte Anrechnung Voraussetzung, nämlich daß die Forderung auf Geld gerichtet ist.[2]) Nur dann kann man von einer wirklichen Minderung der Forderung sprechen. Dagegen ist nicht nötig, daß das anzurechnende lucrum sich schon von Anfang an gerade in Geld darstellt. In diesen Fällen wird der Wert des lucrum angerechnet. Hierüber herrscht in der Literatur im allgemeinen Uebereinstimmung.[3]) Nur Bonn verlangt,[4]) daß der Gegenstand des anzurechnenden lucrum und der Leistungsgegenstand der Forderung, auf die angerechnet werden soll, ein gleichartiger ist; „die Anrechnung sei eine Form der Zahlung und die Zahlung könne bis auf gesetzlich ausdrücklich festgelegte oder vertragsmäßig bedungene Ausnahmefälle nur durch Befriedigung des Gläubigers mit dem geschuldeten Leistungsgegenstand erfolgen; jede Abweichung hiervon mußte zu einer Schädigung des Gläubigers führen." Hiergegen ist zunächst zu bemerken, daß die Anrechnung keine Form der

---

[1]) Oben S. 9 unter b.

[2]) Oertmann in Kohlers Archiv Bd. 20/1902 S. 81; Rümelin in KrVJSchr. Bd. 45 S. 190; Rehbein Bem. 19 S. 187.

[3]) So bezüglich der c. l. c. d. Oertmann, B.-A. S. 232; Walsmann S. 37/38; Fischer S. 226. Ferner für die vorliegend behandelte Anrechnung Oertmann, Komm. Bem. 5 zu § 324 S. 162; Schollmeyer, Komm. Bem. 3 zu § 324; Planck Bem. 2 zu § 324; Kleineidam S. 142; Kisch S. 92.

[4]) S. 96.

Zahlung ist; sie macht vielmehr die Zahlung (d. i. die Erfüllung) überflüssig.[1]) Worin ferner bei der Ablehnung des Erfordernisses der Gleichartigkeit eine Schädigung des Gläubigers liegen soll, ist mir nicht verständlich, zumal doch der Gläubiger wirtschaftlich in die gleiche Lage gebracht wird wie durch die Erfüllung. Endlich steht auch der Wortlaut des Gesetzes der hier vertretenen Auffassung nicht entgegen, im Gegenteil, die Vorschrift, daß auch „Ersparungen" anzurechnen sind, würde wohl in den allerseltensten Fällen praktisch werden können, wenn man Gleichartigkeit des Leistungsgegenstandes und der anzurechnenden Ersparungen verlangte.

Ist die Forderung des Erfüllungsgläubigers auf andere vertretbare Sachen als Geld gerichtet, so ist auch dann eine echte Anrechnung möglich, wenn zufällig der Anrechnungsgegenstand selbst in vertretbaren Sachen der gleichen Gattung besteht wie die geschuldete Leistung.[2])

4. Aber auch nicht alle abschätzbaren Vermögensvorteile, für deren Eintreten die in den §§ 324, 552, 615 und 649 näher festgelegten Ereignisse eine Bedingung gesetzt haben, werden auf den Anspruch des Erfüllungsgläubigers angerechnet, sondern nur solche, die mit diesen Ereignissen in ursächlichem Zusammenhange stehen.[3]) Es kann nicht im Rahmen dieser Arbeit liegen, das ganze Kausalitätsproblem hier zur Diskussion zu stellen. Hierzu liegt wohl auch kein Anlaß vor, da m. E. das Gesetz selbst wenigstens für die hier in Betracht kommenden Fälle die Frage unter Ablehnung der sogenannten Bedingungstheorie gelöst hat. Zwar erfordert auch das Gesetz, daß die in Frage stehenden Ereignisse bedingend sind für das Eintreten des lucrum auf seiten des Gläubigers. Das ergibt sich schon aus dem Gesetze selbst (so § 324: „infolge der Befreiung von der Leistung"; § 615: „infolge des Unterbleibens der Dienstleistung"; § 649: „infolge der Aufhebung des Vertrags"; endlich bezüglich des § 552 aus der einfachen Erwägung, daß der anderweitige Gebrauch bedingt ist durch die Verhinderung des Mieters in der Benützung). Allein dieses äußere Bedingungsverhältnis zwischen dem den Erfüllungsanspruch des Gläubigers definitiv auslösenden Ereignis und dem zugeflossenen lucrum genügt nicht. Dies hat auch das Gesetz erkannt, indem es für die Anrechnung beim Erfüllungsanspruche nicht die Berücksichtigung aller durch das betreffende Ereignis bedingten, sondern nur der als nach den gewöhnlichen Regeln des Lebens zu erwartenden, dem Gläubiger zufließenden Vermögensvorteile vorschrieb.[4])

---

[1]) Siehe oben S. 47.

[2]) Oertmann, V.-A. S. 231; Kleineidam S. 142.

[3]) Die §§ 616 und 617 haben wegen ihres rein positiven Charakters aus den folgenden Erwägungen wohl auszuscheiden.

[4]) So für die c. l. c. d. Rümelin, Kausalbegriffe S. 106; ferner im Ergebnisse jedenfalls Oertmann, V.-A. S. 78 ff., insbes. auch S. 102; desgl. Klein S. 133 ff.; Ebert S. 16 ff. und S. 41 ff.

Demnach scheiden schon nach dem Gesetze von der Anrechnung aus insbesondere Geschenke, die dem Dienstpflichtigen als Unterstützung zukommen, wenn der Dienstberechtigte die Annahme der Dienste und die Auszahlung des nach § 615 geschuldeten Lohnes verzögert, ferner sind nicht anrechnungsfähig die Unterstützungen, die den Arbeitern bei Aussperrungen aus den eigens hierfür gegründeten Kassen zufließen. Aus dem Mangel des Kausalzusammenhanges rechtfertigt sich auch eine bereits früher[1]) getroffene Entscheidung dahin, daß eine Anrechnung desjenigen anderweiten Erwerbes nicht stattfindet, den der Dienstpflichtige aus der Verwendung eines Teiles seiner Arbeitskraft gezogen hat, welchen er dem Dienstberechtigten überhaupt nicht zur Verfügung zu stellen brauchte.[2])

§ 9.

Vollzug.

Nach der hier vertretenen Auffassung beantwortet sich die Frage nach der Art und Weise des Vollzuges der Anrechnung aus dem Wesen der Anrechnung von selbst. Der Vollzug der Anrechnung tritt ein in dem Augenblicke, wo der anzurechnende Vermögensgegenstand dem Erfüllungsanspruche gegenübertritt. Ist dies richtig, so erledigt sich damit eine Reihe von Fragen, die sich bei der Charakterisierung der Anrechnung als eines Rechtsgeschäftes erheben. Es kann nicht mehr davon die Rede sein, daß die Anrechnung wie die Aufrechnung nicht bedingt und befristet sein kann. Desgleichen entfällt die Anwendbarkeit der sonstigen Grundsätze für die Rechtsgeschäfte, wie die Vorschriften über Empfangsbedürftigkeit, Nichtigkeit, Geschäftsfähigkeit, Irrtum, Betrug, Zwang, Anfechtbarkeit usw.

Wie verhält es sich nun mit dem Vollzuge der Anrechnung, wenn der Erfüllungsanspruch des Gläubigers nicht auf Geld gerichtet ist? In einem solchen Falle kann man eigentlich von einer Anrechnung im wahren Sinne des Wortes nicht sprechen.[3])

In diesen Fällen wird der wirtschaftliche Zweck der Anrechnung dadurch erreicht, daß der Erfüllungsgläubiger zwar den vollen Anspruch auf Bewirkung der Gegenleistung durch den Schuldner behält, dagegen diesem den Schätzungswert des Vermögensvorteils in Geld Zug um Zug zu erstatten hat.[4]) Eine entsprechende An-

---

[1]) Siehe oben S. 13 Anm. 3.
[2]) Vgl. RG. in JW. 1902 Beil. 99/100; ferner bezüglich der c. l. c. d. RG. in SeuffA. Bd. 60 Nr. 35 S. 66.
[3]) Soferne nicht gerade der auf S. 49 Anm. 2 erwähnte Fall vorliegt.
[4]) Rehbein Bem. 19 S. 187/188.

wendung des § 473[1]) erscheint hier nicht veranlaßt. Der Anspruch des Schuldners auf Zahlung der fraglichen Summe ist nicht selbständig klagbar.[2]) Der Schuldner kann lediglich ein Zurückbehaltungsrecht geltend machen.[3])

Die Höhe der durch die Anrechnung eintretenden Minderung des Erfüllungsanspruches, bzw. für den Fall der Unmöglichkeit der Anrechnung die Größe der dem Schuldner zu zahlenden Geldsumme richtet sich nach dem den Verhältnissen angemessenen Werte des lucrum und ist, wenn streitig, durch den Richter festzustellen. Die anzurechnenden Forderungen, die dem Erfüllungsgläubiger aus der Eingehung eines anderweitigen Arbeitsverhältnisses erwachsen, sind nach ihrem wahren Werte anzusetzen, also nicht immer nach dem Nominalbetrage.[4])

Liegen mehrere anrechenbare Gegenstände vor, so wird der Erfüllungsanspruch zufolge des ipso-jure-Vollzuges der Anrechnung in der Reihenfolge gemindert, wie die Anrechnungsgegenstände ihm gegenübertreten (was z. B. praktisch wird beim Abschlusse mehrerer Dienstverträge während der Dauer des ursprünglichen). Von einer Anwendung des § 366 oder § 396 kann keine Rede sein.

Aus dem Wesen der Anrechnung als gesetzlicher Abminderung des Erfüllungsanspruches folgt, daß bei dessen Abtretung — sofern Abtretung überhaupt zulässig, §§ 399, 400 — der Anspruch schon als geminderter übergeht, wenn der die Anrechnung begründende Tatbestand sich vor der Abtretung schon ereignet hat. Schwieriger liegt die Sache, wenn die Anrechnungsmöglichkeit gegeben wird erst nach erfolgter Abtretung des Erfüllungsanspruches. So z. B., wenn der Unternehmer beim Werkvertrag unmittelbar nach der durch den Besteller zufolge § 649 vorgenommenen Kündigung seinen Anspruch auf die Gegenleistung abtritt und dann anderweitigen, anrechenbaren Erwerb macht. Rein begrifflich wäre hier die Anrechnung unzulässig, weil das lucrum nicht dem nunmehrigen Gläubiger zugute kommt. Der hier zur Erörterung gestellte

---

1) Wie Planck § 324 Bem. 2 S. 149 und Titze S. 181 Anm. 32 wollen. Dagegen Oertmann Bem. 5 zu § 324; Kisch S. 93 Anm. 26; Staudinger-Kuhlenbeck Bem. 6 zu § 324.

2) Kisch S. 93. Gerade so hat auch bei der c. l. c. d., wenn der Geschädigte Naturalherstellung verlangt, der Schädiger keinen selbständigen Anspruch auf Herausgabe des lucrum, wobei unter einem selbständigen Anspruche ein von vorneherein mit Klagbarkeit ausgestatteter verstanden ist. Vgl. auch Rümelin, KrVJSchr. Bd. 45 S. 199 Bem. 1; unklar Oertmann, V.-A. S. 21 und Klein S. 133.

3) Vgl. die Bem. auf S. 26. Zustimmend auch Planck Bem. 2 zu § 324; Staudinger-Kuhlenbeck Bem. 6 zu § 324; dann für die c. l. c. d Oertmann, V.-A. S. 230. Die Entscheidung des RG. in Bd. 54 S. 142 bezieht sich auf einen Fall der echten Anrechnung!

4) So wenigstens hypothetisch bezüglich der Anrechnung der noch ausstehenden Versicherungsgelder auf den Schadensersatzanspruch Oertmann, V.-A. S. 123.

Fall ist dem in § 406 für die Aufrechnung geregelten nicht analog. Denn selbst wenn wir dem in § 406 bezeichneten Erwerbe der Forderung gegen den Aufrechnungsgegner für die Anrechnung den Erwerb des lucrum durch den Gläubiger gleichstellen wollten, so wäre damit noch immer nicht entschieden, wie es mit der Zulässigkeit der Anrechnung gehalten werden soll, wenn der Schuldner des Erfüllungsanspruchs zur Zeit des Erwerbes des lucrum durch den früheren Gläubiger von der geschehenen Abtretung der Forderung bereits Kenntnis gehabt hat. Hier würde die analoge Anwendung des § 406 eine Anrechnung schlechthin verbieten, was doch unmöglich der Billigkeit entsprechen kann. Die Frage beantwortet sich vielmehr aus § 404 BGB., der dem Schuldner gestattet, dem neuen Gläubiger die Einwendungen entgegenzusetzen, welche zur Zeit der Abtretung der Forderung gegen den bisherigen Gläubiger begründet waren. Hierzu wird nur vorausgesetzt, daß der Rechtsgrund für die betreffenden Einwendungen schon zur Zeit der Abtretung bestanden hat, gleichgültig, ob auch die Tatsachen selbst erst nach diesem Zeitpunkt eingetreten sind.[1]) Nun sind die hier in Rede stehenden Forderungen schon zur Zeit ihrer Abtretung gewissermaßen mit dem Todeskeime behaftet; sie sind in ihrer Fortexistenz bedingt durch den Nichteintritt von anrechenbaren Vermögensvorteilen auf seiten des ursprünglichen Gläubigers. Und mit dieser im Gesetze begründeten auflösenden Bedingung angetan sind sie auf den Zessionär übergegangen. Wie bei einer vertragsmäßigen auflösenden Bedingung mit ihrem Eintritt die abgetretene Forderung auch in der Hand des neuen Gläubigers untergeht, so wird auch beim Erwerbe eines anrechenbaren lucrum durch den früheren Gläubiger die abgetretene Forderung von Gesetzes wegen gänzlich oder teilweise getilgt, und zwar ohne Rücksicht darauf, ob in diesem Zeitpunkte der Schuldner des Erfüllungsanspruches von der Abtretung Kenntnis hat oder nicht,[2]) ein Ergebnis, das nur der Billigkeit und der Tendenz des Gesetzes entsprechen kann und jede Möglichkeit einer Abtretung in fraudem legis ausschließt. Die Haftung des Zedenten gegenüber dem Zessionar im Falle des gänzlichen oder teilweisen Erlöschens des abgetretenen Anspruches richtet sich nach dem der Abtretung zugrunde liegenden Kausalverhältnis.

Das gleiche wie bei der Abtretung muß gelten auch beim Uebergang der Forderung kraft Gesetzes (§ 412), insbesondere beim Erwerbe durch Erbgang oder bei Uebertragung durch gerichtliche Anordnung (vgl. ZPO. §§ 835 ff.).

Besteht für den Erfüllungsanspruch eine Bürgschaft, so wird der Bürge von seiner Verpflichtung gegenüber dem Gläubiger

---

[1]) **Oertmann**, Komm. Bem. 1 zu § 404 S. 275; **Staudinger-Kuhlenbeck** Bem. 3 zu § 404 S. 284.

[2]) Die Rechtslage ist ähnlich wie beim Eintreten der Unmöglichkeit der Leistung beim gegenseitigen Vertrag nach §§ 323 ff.; s. **Crome**, System II § 200 S. 338 Note 28; **Planck** Bem. 1 zu § 404 S. 278.

insoweit frei, als sich die Hauptverbindlichkeit durch die Anrechnung mindert (§ 767 I Satz 1). Zu einer analogen Anwendung des § 770 II zu greifen, ist nach der hier vertretenen Auffassung von der rechtlichen Natur der Anrechnung weder notwendig noch angängig.

Aehnlich ist es, wenn der Erfüllungsanspruch durch Faustpfänder gesichert ist. Die Haftung des Pfandes mindert sich durch den Eintritt der Anrechnung von selbst; das Pfandrecht kann nur mehr für die reduzierte Forderung geltend gemacht werden (§ 1210 Abs. I Satz 1). § 1211 Abs. I Satz 1 ist auch hier nicht anwendbar. Das vorgetragene Ergebnis gilt sowohl für das vertragsmäßige, wie für das gesetzliche Pfandrecht, z. B. für das des Vermieters (§ 559) oder des Werkunternehmers (§ 647). Denn die Forderungen des Vermieters, wie sie hier in Betracht kommen können (aus § 324 oder insbesondere aus § 552), entspringen aus dem Mietverhältnis, und auch die Ansprüche des Werkunternehmers, bezüglich deren eine Anrechnung in Frage stehen kann (§§ 324. 649), charakterisieren sich als Forderungen „aus dem Vertrage", werden also durch das Pfandrecht an den in § 647 näher bezeichneten Gegenständen des Bestellers gedeckt.[1])

Endlich ist hervorzuheben der Einfluß der Anrechnung auf etwaige für den Erfüllungsanspruch bestehende Hypotheken. Da durch Anrechnung die Forderung, für welche die Hypothek bestellt ist, sei es ganz oder teilweise, erlischt, so entsteht in Höhe des Erlöschens für den Eigentümer des Grundstückes die Hypothek als Grundschuld (§§ 1163 I Satz 2, 1177 I). Der Eigentümer kann von dem bisherigen Hypothekengläubiger Berichtigung des Grundbuchs verlangen (§ 894 BGB., § 22 I GBO.). Dies alles gilt insbesondere auch von einer auf Grund des § 648 für den Unternehmer eines Bauwerkes oder eines einzelnen Teiles eines solchen an dem Baugrundstück bestehenden Sicherungshypothek (z. B. der Unternehmer hat sich vor Vollendung des Bauwerkes nach § 648 Satz 2 eine Sicherungshypothek bestellen lassen und nun kündigt der Besteller nach § 649).[2])

Im Zusammenhange mit dem Vollzuge der Anrechnung ist weiter noch die Frage zu erörtern, wie es sich verhält, wenn der Schuldner in Unkenntnis der Anrechnung die Vertragsleistung auf den Erfüllungsanspruch vollständig bewirkt. Sie beantwortet sich nach der hier vertretenen Meinung einfach dahin, daß der Schuldner in diesen Fällen eine teilweise oder gänzliche Nichtschuld bezahlt hat, also zufolge § 812 die Herausgabe des Geleisteten verlangen kann.[3]) Wenn der Vorteil aber erst nach der Erfüllung

---

[1]) Müller-Meikel I. Bd. § 149 Bem. 4a S. 527.

[2]) § 1163 Abs. I bezieht sich auch auf Sicherungshypotheken, Biermann Bem. 2 zu 1163.

[3]) Für die c. l. c. d. siehe Oertmann, B.-A. S. 251; bezüglich der hier behandelten Anrechnung Kisch S. 93; Matthiaß I § 86 S. 392; Ende-

der Forderung durch den Schuldner zur Entstehung gelangte — z. B. der an der Ausübung des Gebrauches gehinderte Mieter hat den Mietzins für die ganze Vertragsdauer im voraus bezahlt und der Vermieter inzwischen nach § 552 anrechenbare Vorteile gezogen —, so fällt mit dem Eintritte der anrechnungsbegründenden Tatsachen der rechtliche Grund der früheren Leistung weg, daher auch hier gemäß § 812 Abs. I Satz 2 die Bereicherungsklage gegen den Erfüllungsgläubiger gerechtfertigt ist.[1]) Zu einem andern Ergebnis kommt Bonn;[2]) dem Schuldner in diesen Fällen einen kondiktizischen Anspruch zuzuerkennen setze voraus, „daß der Anspruch des Gläubigers sich ipso jure gemindert habe, indem eine Anrechnungserklärung nicht abgegeben worden sei; und nur wenn der Anspruch des Gläubigers nicht mehr in der alten Höhe bestehe, sei die Rede von einer ohne rechtlichen Grund hingegebenen Leistung." Diese Entscheidung ist m. E. auch vom Standpunkte der Bonnschen Auffassung über die rechtliche Natur der Anrechnung unhaltbar. Denn wenn nach ihm[3]) „die Erklärung der Anrechnung bewirkt, daß das Erlöschen der Forderung als erfolgt gilt mit dem Zeitpunkte, in welchem sich Forderung und Leistung anrechenbar gegenüber getreten sind", so ist eben dann wegen späteren Wegfalles des Rechtsgrundes der Leistung § 812 Abs. I Satz 2 anwendbar.

Kann nun der Erfüllungsgläubiger die Anrechnung abwenden dadurch, daß er die erlangten Vorteile dem Schuldner überläßt, und sodann die Gegenleistung in ihrer vollen Höhe verlangen? Oertmann folgert das Recht des Ersatzberechtigten, der compensatio lucri durch Angebot der Herausgabe des lucrum zu entgehen daraus, daß der Eigentümer eines bloß beschädigten Gegenstandes vom Beschädiger unter gewissen Voraussetzungen vollen Schadensersatz gegen Ueberlassung des Gegenstandes verlangen kann;[4]) daraus ergebe sich a fortiori, daß dem Beschädigten nicht zugemutet werden könne, sich das vielleicht objektiv wertvolle, aber für ihn persönlich nur wenig verwertbare lucrum in Ansatz bringen zu lassen; ähnlich sei es bezüglich der Abtretung der Ansprüche, da man dem Beschädigten nicht das von jeder Forderung, mag sie zurzeit auch ein nomen optimum sein oder scheinen, unzertrennliche Risiko aufbürden könne. Die Gründe Oertmanns mögen für die Zulassung der Abwendung der compensatio lucri beim Schadensersatzanspruch maßgebend sein; bezüglich der Anrechnung beim Erfüllungsanspruche glaube ich die aufgeworfene Frage ver-

---

mann I § 125 S. 706; Staudinger-Kuhlenbeck Bem. 6 zu § 324 S. 154; Oertmann, Komm. Bem. 7 zu § 324 S. 162; Planck Bem. 2 zu § 324 S. 149/150; Rönnberg S. 184.

[1]) So bezüglich der c. l. c. d. Oertmann, V.-A. S. 252; ferner RGE. Bd. 58 S. 405; Cosack I S. 523.

[2]) Bonn S. 98.

[3]) Bonn S. 49.

[4]) Oertmann, V.-A. S. 306 ff., 315 ff.

neinen zu müssen. Dies schon zufolge der einfachen, aber ausschlaggebenden Erwägung, daß im BGB. für die Anrechnung beim Erfüllungsanspruche anders als bei der c. l. c. d. sich positive Vorschriften finden, in denen es einfach heißt, der Gläubiger müsse sich das oder jenes „anrechnen" lassen. Einer andern Möglichkeit ist hierbei nirgends gedacht. Und wohl auch mit Recht! Denn die Ansprüche aus §§ 324, 552, 615 ff., 649 sind eben keine Schadensersatzansprüche, bei denen man darauf acht zu geben hätte, daß dem Interesse des Gläubigers wirklich auch Genüge geschieht, sondern vertragsmäßige Ansprüche auf Erfüllung. Endlich muß auch berücksichtigt werden, daß die Verneinung der vorwürfigen Frage wohl in den allerseltensten Fällen zu einer wirklichen Schädigung des Gläubigers führen wird. Denn sind es Ersparungen, die angerechnet werden, so kann der Gläubiger die ersparten Gegenstände zumeist in ebenso gewinnbringender Weise verwenden. Und was den anderweitigen Erwerb durch Verwendung der Arbeitskraft und die daraus für den Gläubiger resultierenden Forderungen betrifft, so ist hier zu bedenken, daß diese lucra dem Gläubiger nicht wider seinen Willen aufgedrängt werden, sondern es gerade ja seinem Willen entspricht, diese Forderungen zu erwerben; andernfalls ihm auch keineswegs der Vorwurf der Böswilligkeit gemacht werden kann, wenn er sich weigert, eine Arbeitsgelegenheit zu ergreifen, bei der der Lohnschuldner in bezug auf seine Zahlungsfähigkeit nicht ganz sicher erscheint. Im übrigen ergeben sich für den Fall der Zulassung der Abwendung der Anrechnung der Herausgabe bzw. Abtretung des lucrum konstruktive Schwierigkeiten. Denn, mag man nun in der Auffassung des Wesens der Meinung Bonns oder der hier vertretenen Ansicht huldigen, nach beiden ist soviel klar, daß der Erfüllungsanspruch durch die Anrechnung ganz oder teilweise getilgt wird, ohne daß der Gläubiger hindernd eingreifen kann. Würde man nun den Gläubiger etwa im Wege einer facultas alternativa für berechtigt erachten, an Stelle der durch die Anrechnung des lucrum geminderten Forderung die ganze Forderung gegen Ueberlassung des lucrum an den Schuldner geltend zu machen, so würde dies nur durchgeführt werden können, wenn man dem Gläubiger das Recht zuspricht, von dem Schuldner die Wiederherstellung der bereits ganz oder zum Teil untergegangenen Forderung zu verlangen und den Schuldner so zum Abschlusse eines neuen Vertrages zu zwingen. Denn so ohne weiteres wird man doch die Forderung in ihrer alten Höhe nicht von selbst auf einseitigen Wunsch des Gläubigers wieder ins Leben zurückrufen wollen. Erst auf Grund der durch den neuerlichen Vertrag wieder existent gewordenen Forderung könnte dann der Gläubiger von dem Schuldner die ganze Gegenleistung in ihrer ursprünglichen Höhe Zug um Zug gegen Herausgabe bzw. Abtretung des lucrum verlangen. Dieser unerquicklichen Perspektive könnte man, allerdings in juristisch ebensowenig anmutender Weise, nur so entgehen, wenn man, ähnlich wie das Reichsgericht, das sich bezüglich der Wandelung und Minderung auf den Standpunkt der Vertragstheorie stellt,[1]) der Ansicht ist, daß weder die Klage, noch das daraufhin ergehende Urteil auf Einwilligung des Schuldners zur Wiederherstellung der Forderung in ihrem ganzen Umfange gerichtet sein muß, sondern daß es genügt, wenn Klage und Urteil auf Bewirkung der ganzen Gegenleistung gegen Herausgabe bzw. Abtretung des lucrum gerichtet sind.[2])

Zum Schlusse dieser Erörterungen sei nur noch kurz die Frage nach der Verjährung gestreift. Bezüglich der Anrechnung selbst kann von einer solchen überhaupt keine Rede sein, weil die Anrechnung ja ipso jure eintritt. Aber aus dem gleichen Grund ist auch die Verjährung von Forderungen, die Gegenstand mindernder Anrechnung sind, bedeutungslos, weil sie in dem Augenblicke, wo sie dem Erfüllungsanspruche gegenübertreten, eben noch nicht verjährt sind. Die durch die Verjährung der bereits angerechneten Forderungen eingetretenen Nachteile bleiben auf dem Gläubiger beruhen.

§ 10.

Prozessuales.

Es erübrigt noch, kurz auf die prozeßrechtliche Behandlung der Anrechnung beim Erfüllungsanspruche einzugehen.

Wie bei der Schadensersatzklage es zur Begründung der Klage genügt, daß der Ersatzberechtigte den ihm zugefügten Schaden nachweist und es dann Sache des Beklagten ist, zu behaupten und zu beweisen, daß der Schadensersatzanspruch dem Kläger nicht mehr in der vollen Höhe zustehe, weil er ein anzurechnendes lucrum erworben habe,[3]) so gehört auch bei den Erfüllungsansprüchen nach den §§ 324, 552, 615 ff., 649 die Behauptung der Nichtexistenz von anrechenbaren Vorteilen nicht zur Klagebegründung.

Nach der hier vertretenen Ansicht mindert sich der Erfüllungsanspruch durch den Eintritt der echten Anrechnung ipso jure um den entsprechenden Betrag. Es handelt sich daher um rechtsvernichtende oder je nachdem rechtsmindernde Tatsachen.[4]) Ihr Vorschützen im Prozesse durch den Beklagten bildet demnach nicht eine Einrede im Sinne des BGB., sondern eine Einwendung.[5]) Im regelmäßigen Prozeßgange nun wird der mit dem Erfüllungs-

[1]) RGE. Bd. 59 S. 97.
[2]) Vgl. RGE. Bd. 58 S. 423.
[3]) ROHGE. Bd. 22 Nr. 48; RG. in SeuffA. Bd. 35 Nr. 256; Oertmann, V.-A. S. 247; Larenz S. 55; Eichhoff S. 36 Anm. 33.
[4]) Oertmann, Komm. Bem. 5 zu § 615 S. 603; V.-A. S. 249.
[5]) Larenz S. 55; Oertmann, V.-A. S. 249; Bonn S. 92; Crome, System I § 36 S. 182 ff., § 126 S. 555; Ebert S. 9.

anspruche Belangte das Vorhandensein von anrechnungsbegründenden Tatsachen behaupten und beweisen,[1] wenn deren Vorliegen vom Kläger bestritten wird. Aber noch nicht genug! Wenn sich schon aus dem Vorbringen des Klägers oder aus sonstigen Umständen des Vorhandensein und die Höhe eines anrechnungsfähigen Vorteiles ergibt — was namentlich bei Ersparungen der Fall sein kann —, so hat dies der Richter zufolge der rechtsvernichtenden Natur der Anrechnung ex officio zu berücksichtigen und darf den eingeklagten Betrag dem Kläger nicht voll, sondern nur unter Abzug des lucrum zusprechen, auch ohne daß der Beklagte sich ausdrücklich auf die eingetretene Anrechnung beruft.[2] Unter der gleichen Voraussetzung, daß schon aus der Klage, aus dem Vorbringen des Klägers oder aus sonstigen Umständen die Existenz von anrechnungsbegründenden Tatsachen hervorgeht, kann der Richter gegen den säumigen Beklagten ein Versäumnisurteil nicht erlassen, sondern die Klage in Höhe des dem Kläger schon zugeflossenen lucrum abweisen (§ 331 ZPO.).[3] Nur eine Ausnahme von den letztangeführten Sätzen besteht, nämlich der Fall der Anrechnung nach § 617. Zwar tritt auch bei ihm die Anrechnung der Krankheitskosten auf die während der Zeit der Erkrankung geschuldete Vergütung ipso jure ein. Wie sich jedoch aus dem Wortlaute der maßgebenden Gesetzesstelle („können angerechnet werden") im Zusammenhalte mit der sonstigen imperativen Form in den übrigen Anrechnungsbestimmungen („muß sich anrechnen lassen") ohne weiteres ergibt, ist in § 617 die Anrechnung vom Richter nur dann zu berücksichtigen, wenn sich der Beklagte ausdrücklich auf sie beruft (Einrede in rein prozeßrechtlichem Sinne),[4] eine Bestimmung, die sich für den vorwürfigen Fall gesetzgeberisch wohl verstehen läßt.

Für die Fälle, wo eine wirkliche Anrechnung nicht möglich ist und daher der Gläubiger seinen vollen Anspruch auf Erfüllung behält, steht dem Beklagten, wie schon früher erörtert,[5] ein Zurückbehaltungsrecht an seiner Leistung zu, bis ihm der Gläubiger den Geldwert des erworbenen lucrum Zug um Zug bezahlt. Hier handelt es sich um eine echte Einrede im Sinne des BGB.,

---

[1]) Vgl. auch RG. im Recht IX 1905 S. 617. — Titze S. 182, 183 Anm. 34 will bezüglich des Beweises über die Höhe der Vorschriften des § 287 ZPO. für den vorliegenden Fall extensiv anwenden, m. E. mit Unrecht. — Gegen jede analoge Anwendung des § 287 ZPO. Seuffert, ZPO. Bem. 1 zu § 287 S. 430; ferner unter ausdrücklicher Bezugnahme auf die Anrechnung beim Erfüllungsanspruche Gaupp-Stein Bem. I zu § 287 S. 647.

[2]) Larenz S. 56; Oertmann, B.-A. S. 21; Fischer S. 227. And. Meinung Walsmann S. 50/51; GewGer. Magdeburg GewGer. X S. 207 ff. und von seinem Standpunkt aus Bonn S. 91.

[3]) Rümelin, KrVJSchr. Bd. 45 S. 207. Vgl. hiezu im allgemeinen Seuffert, ZPO. Bem. 2c zu § 331 S. 515 und Gaupp-Stein Bem. III zu § 331 S. 779.

[4]) Bonn S. 92.

[5]) Siehe oben S. 51.

die nur dann zu berücksichtigen ist, wenn der Beklagte sie vorbringt.[1]) Ihr Vorschützen hat Verurteilung des Beklagten Zug um Zug zur Folge (§ 274 BGB.). Hat der Schuldner bei Erfüllung seiner Schuld die Erhebung der Einrede verabsäumt, so wird sein bisher klageloser Anspruch auf Herausgabe bzw. Abtretung des lucrum verselbständigt, d. h. er kann nunmehr in eigener Klage geltend gemacht werden.

Wie ist nun die Rechtslage, wenn ein anrechnungsfähiges lucrum dem Gläubiger erst zukommt zu einer Zeit, wo der Anspruch des Gläubigers schon rechtskräftig festgestellt wird, ein Fall, der bei der bekannten Raschheit der gewerbegerichtlichen Rechtsprechung nicht so sehr selten sich ereignen wird? Die Rechtskraft im allgemeinen steht der späteren Berücksichtigung solcher lucra nicht entgegen.[2]) Allein man ist gar nicht auf Erwägungen allgemeinerer Natur angewiesen, dem Schuldner läßt sich schon auf Grund positiv-rechtlicher Bestimmungen zu Hilfe kommen. Wie dargelegt, bringt die Anrechnung den Erfüllungsanspruch zur teilweisen oder gänzlichen Tilgung und verschafft dadurch dem Schuldner eine Einwendung gegen den Anspruch des Klägers. Sind nun, wie für den hier beregten Fall vorausgesetzt, die anrechnungsbegründenden Tatsachen erst nach dem Schlusse derjenigen mündlichen Verhandlung entstanden, in welcher sie nach den Bestimmungen der ZPO. hätten geltend gemacht werden können und sind sie auch nicht mehr durch Einspruch geltend zu machen,[3]) so steht dem Erfüllungsschuldner die Widerspruchsklage gegen den urteilsmäßig festgestellten Anspruch zu. Die Voraussetzungen und die Zulässigkeit dieser Klage bestimmen sich nach § 767 ZPO. Die Zuständigkeit des Prozeßgerichts 1. Instanz ist ausschließlich (§ 802 ZPO.). Sie kann erhoben werden nach Beginn der Zwangsvollstreckung, aber auch schon vorher, wenn der Widerspruchskläger ein rechtliches Interesse an der alsbaldigen Feststellung des Nichtbestehens des Vollstreckungsrechtes hat, dagegen nicht mehr nach Beendigung der Zwangsvollstreckung. Wird die Vollstreckung nach Erhebung der Widerspruchsklage beendet, so ist das Petitum umzustellen auf Erstattung des Empfangenen oder eventuell auf Schadensersatzleistung.[4]) Ist dagegen die anrechnungsbegründende Tatsache nach Beendigung der Zwangsvollstreckung entstanden oder zu einem Zeitpunkte, wo der Schuldner, um der drohenden Zwangsvollstreckung zu entgehen oder die bereits begonnene wieder aufzuheben, den Gläubiger freiwillig befriedigt hat, so ist damit die Möglichkeit der Erhebung einer Widerspruchsklage entfallen. Der Schuldner wird aber deswegen nicht jeglichen Rechtsbehelfes beraubt. Er kann vielmehr, genau wie wenn es überhaupt nicht zum Prozeß

---

[1]) Crome, System I § 124 S. 546, 548; Oertmann, B.-A. S. 250.
[2]) Oertmann, B.-A. S. 254.
[3]) Vgl. wegen der hierüber bestehenden Kontroverse RGE. Bd. 55 S. 188 ff.
[4]) Vgl. Seuffert, Komm. z. ZPO. Bem. 6 a—c zu § 767 S. 382 ff.

gekommen wäre, im gewöhnlichen Prozeßwege Rückgabe des Geleisteten wegen ungerechtfertigter Bereicherung[1]) (§ 812 Abs. I BGB.), unter Umständen auch Schadensersatz wegen unerlaubter Handlung beanspruchen.[2])

Das Landgericht Magdeburg hat in dem schon früher zitierten Urteile vom 2. Mai 1905[3]) auch dann die Zurückforderung des auf Grund rechtskräftiger Verurteilung gezahlten Lohnes zugelassen, wenn der anzurechnende anderweitige Erwerb schon vor der letzten, dem Urteil voraufgehenden mündlichen Verhandlung gemacht war, der Dienstberechtigte aber hiervon erst nach Rechtskraft des Urteils und nach Bezahlung des Lohnes Kenntnis erhalten hat. Diese Entscheidung ist m. E. irrig und fordert der Konsequenzen wegen offenen Widerspruch heraus. Das Landgericht verkennt allerdings nicht, daß durch die Rechtskraft des Vorurteils die nicht vorgebrachten Einredetatsachen abgeschnitten sind, und nur die nachträglich entstandenen gemäß §§ 767 Abs. II oder unter Umständen 580 ZPO. geltend gemacht werden können. Die Abschneidung der Einwendungen beziehe sich aber nicht auf ein selbständiges, der klageweisen Geltendmachung fähiges Gegenrecht, das vielmehr durch die Rechtskraft über den Klageanspruch unberührt bleibe. Ein solches selbständiges Gegenrecht sei aber das Recht des Dienstberechtigten aus § 615 Satz 2. Gerade in dieser Annahme aber geht die Begründung fehl. Schon früher[4]) bei Behandlung des Unterschiedes von Aufrechnung und Anrechnung habe ich dargestellt, daß gerade darin das Eigentümliche bei der c. l. c. d. sowohl wie bei der Anrechnung auf den Erfüllungsanspruch liegt, daß dem Ersatzpflichtigen bzw. dem Schuldner ein selbständiger Anspruch auf das lucrum nicht zusteht. Daran vermag auch nichts zu ändern der Umstand, daß der Schuldner, der ohne Kenntnis der Anrechnung bezahlt hat, hiermit einen Anspruch auf Herausgabe der ungerechtfertigten Bereicherung erwirbt. Die Sache verhält sich vielmehr so: durch die Anrechnung hat sich der Lohnanspruch des Dienstpflichtigen schon vor der Urteilsfällung eo ipso um den anrechenbaren Betrag gemindert und zwar so wie wenn der Schuldner teilweise bezahlt, also wirklich erfüllt hätte. Und wie bei der Zahlung, handelt es sich um eine rechtsvernichtende Tatsache, nicht um ein Gegenrecht. Wie nun der Beklagte bei Vorliegen eines rechtskräftigen Urteils nicht mehr mit dem Einwand gehört wird, er habe ja die Schuld schon vor der Urteilsfällung bezahlt, so wird auch das Vorschützen (das nach-

[1]) Das Vorhandensein einer ungerechtfertigten Bereicherung steht hier ganz außer Frage, anders wie in dem von Oertmann, Arch. f. d. ziv. Praxis Bd. 96 S. 16 ff. behandelten Falle.

[2]) Seuffert, ZPO. Bem. 6 d zu § 767 S. 384; Gaupp-Stein, ZPO. Bem. V zu § 767; RGE. Bd. 55 S. 194; BayOLG. in SeuffA. Bd. 50 S. 365/366; Kohler im Arch. f. d. ziv. Praxis Bd. 80 S. 141, namentlich S. 163.

[3]) GewGer. 1905 X Nr. 74 S. 207 ff.

[4]) Siehe oben S. 25/26.

trägliche) einer schon vor Eintritt der Rechtskraft oder besser vor dem Ablauf der letzten mündlichen Verhandlung vor sich gegangenen Anrechnung nicht mehr berücksichtigt und dem Beklagten jede Möglichkeit genommen zu leugnen, daß der Lohnanspruch zur Zeit der letzten mündlichen Verhandlung in seiner vollen Höhe nicht mehr bestanden habe. Denn wenn auch die Rechtskraft des Urteils, wenigstens meiner Auffassung nach, nicht die Wirkung hat, daß der Lohnanspruch, der schon vorher durch die Anrechnung getilgt oder gemindert war, nunmehr wieder auch materiellrechtlich in seiner alten Höhe zur Entstehung gelangt,[1]) so hat sie doch zur Folge, daß der Beklagte mit den nicht vorgebrachten Einredetatsachen — hier Einreden im Sinne des Prozeßrechtes — präkludiert wird, wenigstens soweit sich diese Einreden nicht auf ein selbständiges Gegenrecht (z. B. Minderung beim Kaufe wäre ein solches) stützen. Insbesondere ist es nicht möglich, zum Zwecke der Begründung einer Bereicherungsklage sich auf die wirkliche Nichtexistenz des rechtskräftig festgestellten Anspruches zu berufen.[2]) Aus dem gleichen Grunde halte ich die Möglichkeit der späteren Erhebung einer Schadensersatzklage für ausgeschlossen.[3]) Aus alledem folgt aber, daß die Rückforderung eines Lohnes wegen schon früher eingetretener Anrechnung nach rechtskräftiger Verurteilung auf den ganzen Betrag rechtlich unzulässig ist. Und wie mit § 615 verhält es sich auch in allen sonstigen Fällen der Anrechnung beim Erfüllungsanspruche.

Ganz anders dagegen ist es, wenn eine wirkliche Anrechnung nicht möglich ist, weil der Erfüllungsanspruch selbst nicht auf Geld gerichtet war. Hier ist es gleichgültig, ob der Eintritt des lucrum vor oder nach Eintritt der Rechtskraft über den Erfüllungsanspruch erfolgte. Wie durch die Rechtskraft des Urteils auf Bezahlung des Kaufpreises der Käufer mit dem Minderungsanspruche nicht präjudiziert wird, mögen auch dessen Grundlagen schon vor Erlassung des Urteils vorgelegen haben,[4]) so wird hier dadurch, daß im Vorprozeß über den Erfüllungsanspruch rechtskräftig entschieden wird, dem Schuldner die Möglichkeit, vom Gläubiger Herausgabe bzw. Abtretung des lucrum zu verlangen, keinesfalls abgeschnitten. Es handelt sich hier ja nicht um eine rechtsver-

---

[1]) Siehe hiezu Hellwig, Wesen und Begrenzung S. 12 ff.; derselbe, Klagrecht und Klagmöglichkeit S. 22.

[2]) Hellwig, Wesen usw. S. 13 Anm. 33; Gaupp-Stein Bem. VII b 3 S. 738; RGE. Bd. 46 S. 77/78; Pagenstecher S. 405; vgl. auch Oertmann in ArchCivPrax. Bd. 96 S. 57 Anm. 60. And. Meinung wenigstens nach einer gelegentlichen Bemerkung OLG. Stuttgart in Rechtspr. d. OLG. XI S. 366, 368.

[3]) Ueber diese Streitfrage s. Dernburg in DJZ. X 465; Höniger ebenda S. 1005; Rehbein ebenda S. 1109; RGE. Bd. 46 S. 75; RGSt. Bd. 34 S. 282; RG. in JW. 1905 S. 683; Hellwig, Wesen usw. S. 16; derselbe in Klagrecht u. s. f. S. 78 Anm. 5; OLG. Augsburg in BayZfR. Bd. I S. 135; Pagenstecher S. 323 ff., 328/329, 395 ff.

[4]) Gaupp-Stein Bem. VII 2a zu § 322 S. 737/738.

nichtende oder rechtsmindernde Einwendung, sondern um die Einrede des Zurückbehaltungsrechtes, das der Beklagte hätte geltend machen können. Hat er das versäumt, so ist er allerdings nicht mehr imstande, dem Gläubiger entgegen zu setzen, daß er nur Zug um Zug zur Bezahlung gegen Ueberlassung des lucrum verpflichtet sei. Wenn er zwar sonach vorbehaltslos leisten muß, so wird gerade dadurch ein selbständiger, der klageweisen Geltendmachung fähiger Anspruch auf Herausgabe bzw. Abtretuug des lucrum, soweit der Gläubiger noch bereichert ist, ausgelöst, über den im Vorprozeß nicht entschieden worden ist und auch nicht entschieden werden konnte, da er dortmals als solcher noch nicht bestand.

Zum Schlusse noch ein Wort über den Einfluß der Konkurseröffnung auf die Anrechnung beim Erfüllungsanspruche!

Gerät der Gläubiger des Erfüllungsanspruches in Konkurs, so vollzieht sich die Anrechnung wie unter normalen Verhältnissen, mag nun der Erfüllungsanspruch zur Konkursmasse gehören (§ 1 KO.) oder konkursfreies Vermögen des Gemeinschuldner-Gläubigers bilden. Gleichgültig ist hierbei, ob die in den §§ 324, 552, 615 ff., 649 vorgesehenen Ereignisse vor oder nach der Konkurseröffnung eintreten. Ist zum Beispiel ein Vertrag durch Verschulden des Gegenkontrahenten des späteren Gemeinschuldners unmöglich geworden, so daß der Gemeinschuldner den Anspruch aus § 324 schon endgültig erworben hatte, so mindert sich auch hier durch den Eintritt anrechnungsbegründender Tatsachen die betreffende Forderung und damit die Konkursmasse oder aber das konkursfreie Vermögen des Gemeinschuldners von selbst. Wenn der Gemeinschuldner, der Inhaber eines großen Baugeschäftes ist, mit einem Grundstückseigentümer einen Werkvertrag[1]) über Herstellung eines Häuserkomplexes abgeschlossen hat, die Erfüllung des Vertrages aber bald darauf durch Verschulden des Grundstückseigentümers unmöglich wird — so daß also § 324 und nicht § 649 angewendet werden muß —, so ist, falls der Baugeschäftsinhaber in Konkurs gerät, auf die Forderung gegen den früheren Besteller anzurechnen, was der Konkursverwalter, der mit Zustimmung des Gläubigerausschusses das Baugeschäft weiterführt, aus dem Weiterbetriebe des Geschäftes erwirbt, wenigstens soweit bei dem anderweitigen Erwerbe Arbeitszeit und Arbeitskräfte in Betracht kommen, die der Kridar selbst zur Herstellung des ursprünglichen Werkes hätte verwenden müssen. Dagegen ist nicht anrechnungsfähig, was der ehemalige Baugeschäftsinhaber während der gleichen Zeit dadurch verdient, daß er z. B. eine Stellung als Buchhalter angenommen hat. Aehnlich wie mit § 324 verhält es sich auch mit § 552; hier wird auf den der Konkursmasse zustehenden Erfüllungsanspruch angerechnet, was aus der anderweitigen Vermietung der Mietsache

---

[1]) Seuffert, ZPO. § 850 Bem. 3a S. 523; Gaupp-Stein § 850 Bem. II 1 b S. 618.

während der Dauer des ursprüngliche Mietvertrages für die Konkursmasse herausgeschlagen wird.

Wird umgekehrt über das Vermögen des Schuldners des Erfüllungsanspruches der Konkurs eröffnet, so hat dies auf den Eintritt der Anrechnung ebenfalls keinen Einfluß. Unter der Voraussetzung, daß der betreffende Gläubiger überhaupt zu den Konkursgläubigern gehört (§ 3 KO.), muß es gleichgültig erscheinen, ob die Anrechnung vor oder nach Konkurseröffnung eingetreten ist. Ersterenfalls wird der Erfüllungsanspruch nur als reduzierter zum Konkurs angemeldet werden können; letzterenfalls findet er im Verteilungsverfahren nur Berücksichtigung in seiner gegenwärtig bestehenden Höhe. Von Wichtigkeit ist bei Konkurseröffnung die Anwendung der §§ 17 ff. KO. und unter diesen wieder namentlich § 22 wegen der Dienstverträge, hinsichtlich deren für den Fall des Abs. II des § 22 an Stelle der Vorteilsausgleichung beim Erfüllungsanspruche eine echte compensatio lucri cum damno tritt.

Anhang.

§ 11.

Die Anrechnung nach den §§ 337 und 367 BGB.

Eine besondere Stellung in der Lehre von der Anrechnung beim Erfüllungsanspruche nehmen ein die §§ 337 und 367 BGB. Zunächst sei eine kurze, exegetische Erörterung dieser beiden Bestimmungen vorausgeschickt!

1. § 337 lautet:

„Die Draufgabe ist im Zweifel auf die vom Geber geschuldete Leistung anzurechnen oder, wenn dies nicht geschehen kann, bei der Erfüllung des Vertrags zurückzugeben.

Wird der Vertrag wieder aufgehoben, so ist die Draufgabe zurückzugeben."

In Uebereinstimmung mit dem gemeinen Rechte[1]) und in bewußter Abweichung[2]) von den meisten Landesprivatrechten sieht das BGB. in der Draufgabe nicht ein Mittel, sondern nur ein Zeichen des Vertragsabschlusses (§ 336). Der Vertrag, der sich auf die Hingabe der Draufgabe selbst bezieht, stellt sich als ein Nebenvertrag dar,[3]) der allerdings in seinem Bestande (Nichtigkeit, Anfechtbarkeit rc.) von dem Hauptvertrag völlig abhängig ist.

Richtiger Ansicht nach können als Draufgabe alle möglichen Gegenstände, bewegliche und unbewegliche Sachen, auch Forderungen, verwendet werden.[4]) Das Gegenteil darf nicht aus dem Wortlaute des § 336 gefolgert werden; der Gesetzgeber hat eben lediglich den Hauptfall der Hingabe von beweglichen Sachen als Draufgabe im Auge gehabt.

Das wichtigste Anwendungsgebiet der Draufgabe, im Gesinderecht nämlich, hat das BGB. der landesgesetzlichen Regelung überlassen (Art. 95 des EG. z. BGB.).[5])

---

[1]) Windscheid-Kipp II § 325 S. 322; Dernburg, Pandekten II § 12 S. 32; Kunze S. 19; Schrödter S. 11 ff.

[2]) Siehe Motive Bd. II S. 273.

[3]) Schollmeyer, Komm. Bem. 1 zu § 336 S. 236; Planck zu § 337 Bem. 4 S. 181; Kunze S. 29.

[4]) Planck Bem. 4 zu § 336 S. 180; Staudinger-Kuhlenbeck Bem. 3 zu § 336 S. 174; Crome, System § 177 S. 207/208; Schollmeyer, Komm. Bem. 2 zu § 336 S. 237 (der von Staudinger-Kuhlenbeck irrig als Vertreter der gegenteiligen Ansicht zitiert wird!); Kohler, Lehrb. II § 51 S. 145. And. Meinung Düringer-Hachenburg § 348 HGB. S. 249; Kunze S. 39. Einen Mittelweg schlägt ein Schrödter S. 24/25.

[5]) Für Bayern s. Art. 18 des AG. z. BGB.; Oertmann, bayer. Landesprivatrecht S. 216; Mayer in Bl. f. RA. Bd. 65 S. 210/11.

Der Inhalt des § 337 ist kurz der, daß im Zweifel die Draufgabe nicht als Zugabe zur vertragsmäßigen Leistung gelten soll.

2. Nach § 366 BGB.[1]) ist für die Reihenfolge, in welcher mehrere Verbindlichkeiten des Schuldners — mögen sie nun auf demselben oder auf verschiedenen Schuldverhältnissen beruhen[2]) — mit gleichartigen Leistungsgegenständen durch eine zur Tilgung sämtlicher Schulden nicht ausreichenden Leistung getilgt werden, zunächst die einseitige Bestimmung des Schuldners maßgebend. Dieses Bestimmungsrecht wird modifiziert durch § 367 BGB., der sagt:

„Hat der Schuldner außer der Hauptleistung Zinsen und Kosten zu entrichten, so wird eine zur Tilgung der ganzen Schuld nicht ausreichende Leistung zunächst auf die Kosten, dann auf die Zinsen und zuletzt auf die Hauptleistung angerechnet.

Bestimmt der Schuldner eine andere Anrechnung, so kann der Gläubiger die Annahme der Leistung ablehnen."

Anders wie in § 366 ist in dem § 367 Voraussetzung der Anrechnung, daß die Zinsen und Kosten sich auf dasselbe Schuldverhältnis beziehen, aus der die Hauptleistung geschuldet wird. Die Vorschrift des § 367 wäre also nicht anwendbar, wenn der Schuldner z. B. einen Kaufpreis und Zinsen eines von dem Kaufe völlig unabhängigen Darlehens schuldet; für diese Fälle bleibt es bei der Regel des § 366. Allein die Gleichheit des Schuldgrundes würde noch nicht genügen. § 367 kann auch dann keine Anwendung finden, wenn z. B. der Schuldner aus ein und demselben Mietverhältnis die eben fällig gewordene Mietzinsrate und Zinsen einer früheren, schon getilgten schuldig wäre. Es müssen vielmehr gerade zu der speziellen Hauptleistung, zu deren Tilgung das vom Schuldner dem Gläubiger Angebotene nicht ausreicht, Kosten bzw. Zinsen geschuldet werden. Konkurrieren mehrere Ansprüche mit dazu gehörigen Kosten und Zinsen, so erfolgt die Anrechnung nicht etwa zuerst auf sämtliche Kosten, dann auf sämtliche Zinsen und zuletzt erst auf die einzelnen Hauptleistungen, sondern es ist zunächst nach Maßgabe des § 366 zu bestimmen, welcher Verbindlichkeit der Vorrang zukommt, und erst innerhalb der Reihenfolge nach § 366 kommt § 367 zur Anwendung.[3])

Die von dem Schuldner gemachte Leistung ist zuerst anzurechnen auf die Kosten. Hier macht es keinen Unterschied, ob es sich um Kosten der Kündigung (z. B. Zustellungskosten nach § 132 BGB.) oder der Rechtsverfolgung (z. B. der Klage, des Mahnverfahrens 2c.) oder der Vertragserfüllung (s. z. B. §§ 448, 449 BGB.) handelt.

---

[1]) Bezüglich des gemeinen Rechtes s. Windscheid-Kipp Bd. II § 343 S. 398 ff. und Rogge S. 16 ff.

[2]) Stammler, Allgem. Lehren S. 220.

[3]) Planck Bem. 1 zu § 367 S. 222.

Hinsichtlich der Anrechnung auf die Zinsen sind in Betracht zu ziehen sowohl die laufenden wie alle noch nicht verjährten rückständigen Zinsen, gleichgültig, ob die Zinspflicht auf Gesetz (§§ 228, 291 BGB., 352 HGB.) oder auf Vertrag sich gründet.

Als Anrechnungsgegenstände können in § 367 der ganzen Natur der Sache nach nur Gegenstände in Frage kommen, die mit dem Gegenstand der Hauptleistung gleichartig sind. Auch für die Anrechnung nach § 337 wird von Bonn[1]) das Erfordernis der Gleichartigkeit von Leistungsgegenstand und Anrechnungsgegenstand aufgestellt, indem er sagt: „eine andere Möglichkeit als die der Ungleichartigkeit der Leistung hat der Gesetzgeber nicht im Auge, wenn er sagt, daß die ‚Draufgabe anzurechnen, oder, wenn dies nicht geschehen kann, bei der Erfüllung des Vertrages zurückzugeben ist.'" Das gleiche gelte auch für § 338. Mit dieser Auslegung der §§ 337 und 338 befindet sich Bonn in Uebereinstimmung mit der Literatur, wenigstens soweit ich sie zu überblicken vermag. Ich kann diese Beschränkung der Anrechnungsmöglichkeit auf den Fall der Gleichartigkeit von Draufgabe- und Leistungsgegenstand für richtig nicht erachten, da für diese exzeptionelle Behandlung der §§ 337, 338 kein Grund abzusehen ist. Vor allem nötigt der Wortlaut des Gesetzes: „Die Draufgabe ist anzurechnen, oder wenn dies nicht geschehen kann, . . . zurückzugeben" keineswegs zu dieser beschränkenden Auslegung, sondern will, ohne Voreingenommenheit ausgelegt, eigentlich etwas ganz Selbstverständliches sagen, nämlich, das die Draufgabe zurückzugeben ist, wo eine Anrechnung begrifflich ausgeschlossen ist. Daß dies aber schon der Fall ist, wenn Draufgabe- und Leistungsgegenstand ungleichartig sind, wird sich wohl kaum behaupten lassen und wird auch in den übrigen Fällen der Anrechnung von niemand außer von Bonn behauptet. Die Entstehungsgeschichte der beiden Paragraphen vermag die hier bekämpfte Anschauung ebenfalls nicht zu rechtfertigen. Die Motive[2]) beziehen sich bei Begründung der Anrechnung auf Art. 285 Abs. II des Allg. D. HGB., auf das Preußische Landrecht I 5 §§ 206, 207, 208, 217 ff. und das Sächsische BGB. § 894 ff. Nun widersprechen die hier angezogenen Bestimmungen in keiner Weise der von mir vertretenen Auffassung. Im Gegenteil, das ALR. I 5 §§ 218, 219, das unmittelbare Vorbild des § 338 BGB., erklärt: „Geht der Vertrag durch die Schuld des Gebers zurück, so verliert derselbe die Draufgabe. Doch muß ihm deren Wert auf die noch etwa außerdem zu leistende Entschädigung zu gute gerechnet werden." Daß hierunter auch die Fälle zu subsumieren sind, wenn Draufgabe- und Leistungsgegenstand nicht gleichartig ist, soferne nur überhaupt ein „Zuguterechnen" möglich ist, kann füglich nicht bestritten werden.[3])

[1]) Bonn S. 96.
[2]) Motive Bd. II S. 274.
[3]) Auch Eccius S. 485 Bem. b macht keinen Unterschied.

Was nun für die Anrechnung in § 338 recht ist, kann bei dem Gleichlaut der Gesetzesstellen in dem hier maßgebenden Teile für § 337 nur billig sein. Daher ist auch für die Anrechnung, wie sie für die Draufgabe in § 337 vorgesehen ist, wie in den sonstigen Fällen der Anrechnung nur vorauszusetzen, daß die Leistung, auf die der Gegenstand der Draufgabe angerechnet werden soll, in Geld besteht.[1]) Wenn also der Geber dem andern Vertragsteile z. B. ein Faß Wein übereignet hat oder gar andere, schnell verderbliche Sachen, so wird eben deren Wert auf die von dem Empfänger nach dem Vertrage geschuldete Geldleistung angerechnet, es sei denn, daß durch besonderes Uebereinkommen die Rückgabe des Daraufgabegegenstandes — in genere oder in specie — ausdrücklich bestimmt wird.

Die Besonderheit der Anrechnung in den §§ 337 und 367 besteht nun darin, daß hier die Anrechnung nicht bloß als Tilgung der Obligation ohne Erfüllung, somit als Erfüllungssurrogat, sondern — und zwar bei § 367 unbedingt, bei § 337 unter gewissen Voraussetzungen — als wirkliche Erfüllung der Obligation zu gelten hat.

Was zunächst die Anrechnung nach § 367 betrifft, so kann dies hier an und für sich schon keinem Zweifel unterliegen, da hier ja gerade vorausgesetzt wird, daß der Schuldner seine Verbindlichkeit, allerdings mit unzulänglichen Mitteln, daher also nur teilweise, erfülle. Die Anrechnung nach § 367 ist demnach Minderung der Forderung durch Teilerfüllung.

Etwas schwieriger sind die Verhältnisse in Ansehung des § 337. Vor allem ist auch für ihn zu betonen, daß es sich, wie in den anderen Fällen der Anrechnung, nicht um eine Aufrechnung gemäß §§ 387 ff. handelt, wie man vielleicht auf den ersten Blick anzunehmen geneigt ist.[2]) Denn ein etwaiger Anspruch des Gebers der Draufgabe auf Rückerstattung würde ja erst fällig, nachdem der Geber selbst die Hauptleistung bereits bewirkt hätte; mithin wenigstens auf seiten des Gebers einer Aufrechnung die Vorschrift des § 387 im Wege stünde.[3]) Wir haben es vielmehr auch im Falle des § 337 mit einer Anrechnung auf einen Erfüllungsanspruch zu tun, durch die sich das Forderungsrecht des Empfängers der Draufgabe von selbst um deren Betrag mindert. Das Besondere der Anrechnung nach § 337 liegt aber, daß bei ihm, allerdings nur unter gewissen Voraussetzungen, die Anrechnung genau so wie in dem eben behandelten § 367 nicht bloß als Erfüllungssurrogat, sondern als wirkliche Teilerfüllung der Forderung

---

[1]) Die oben S. 49 Anm. 2 vorgesehene Ausnahme gilt auch hier.

[2]) In der Tat spricht auch Dernburg, Pandekten II S. 34 von „Aufrechnung" der Draufgabe; ferner derselbe, Das bürgerl. Recht II. Teil I. Abt. § 100 II 5 S. 244 und Staudinger-Kuhlenbeck Bem. zu § 337 S. 175 von einer „aufrechenbaren" Draufgabe.

[3]) Jagemann, Die Draufgabe S. 32; Schrödter S. 36.

des Empfängers zu gelten hat. Und dies ist dann der Fall, wenn der Gegenstand der Draufgabe mit dem Gegenstande der geschuldeten Leistung gleichartig ist, also im Geld oder in anderen vertretbaren Sachen derselben Gattung wie die Hauptschuld besteht.[1]) Daß unter diesen Umständen die Anrechnung als Teilerfüllung anzusehen ist, folgt m. E. daraus, daß in diesen Fällen die Hingabe der Draufgabe als Anzahlung, als eine Teilvorleistung auf die Hauptleistung erscheint. Allerdings wird dies von der herrschenden Lehre bestritten mit der Begründung — im Anschlusse an l. 2 C. IV. 45 —, daß der Zweck der Draufgabe darin liege, als Zeichen und Beweismittel für den abgeschlossenen Vertrag zu dienen, während da, wo es sich hauptsächlich um die ökonomische Idee des Vorschusses, der teilweisen Sicherung des Gläubigers handelt, eine Anzahlung anzunehmen sei.[2]) Ich bin nun weit davon entfernt, diesen Unterschied zwischen Draufgabe und Anzahlung zu verkennen. Ich sehe nur nicht ab, warum es nicht möglich sein soll, bei Hingabe einer Sache den besonderen Zweck der Daraufgabe mit dem der Anzahlung zu vereinen. Die Sache ist vielmehr so,[3]) und das ist es, was an der herrschenden Ansicht richtig bleibt. Nicht jede Anzahlung ist Draufgabe, und zwar dann nicht, wenn eben bei Hingabe des betreffenden Gegenstandes die vertragsmäßige Absicht nicht darauf gerichtet war, daß die Hingabe zugleich als Zeichen der Vertragsperfektion gelten solle; aber jede Daraufgabe ist[4]) Anzahlung, soferne nur, wie hier vorausgesetzt, der Gegenstand der Draufgabe mit dem der Leistung gleichartig ist (Geld oder andere vertretbare Sachen). In diesen Fällen ist die Hingabe der Draufgabe „Beginn der Zahlung“, also wirkliche, teilweise Erfüllung, durch die die Forderung des Daraufgabenempfängers von selbst durch „Anrechnung“ sich mindert, ohne daß es auch hier einer besonderen Geltendmachung durch einseitige, empfangsbedürftige Willenserklärung erfordern würde. In allen übrigen Fällen der Draufgabe, wo die eben erwähnten Bedingungen nicht vorliegen, handelt es sich,[1]) soferne nur eine Anrechnung überhaupt möglich ist, um eine Anrechnung nach den im zweiten Teile der vorliegenden Arbeit entwickelten Grundsätzen.

---

[1]) Die herrschende Lehre läßt, wie oben S. 65 gesehen, überhaupt nur unter diesen Bedingungen eine Anrechnung der Draufgabe zu.

[2]) Oertmann, Komm. Bem. 3 zu § 336 S. 185; Jagemann a. a. O. S. 31; Kunze S. 5 und S. 20; Schollmeyer, Komm. Bem. 1 zu § 337 S. 239; Ballentin S. 3; Schrödter S. 37; Crome, System S. 209.

[3]) Zustimmend Staub, Komm. z. ADHGB. Art. 285 S. 746; Makower, Komm. z. ADHGB. Bem. 12b zu Art. 285 S. 316; Gareis-Fuchsberger, ADHGB. Bem. 92 S. 615; Krückmann, Instit. § 45 S. 213; Rehbein Bem. 2 zu § 336 ff. S. 223: Endemann Bd. I § 107 S. 601 Anm. 4; Dernburg, bürgerl. Recht II. Teil 1. Abt. § 100 II 5 S. 244; Eccius, preuß. Privatrecht I. Bd. S. 484. — Auch die Motive Bd. II S. 274 sehen die Draufgabe als Vorschuß auf die Vertragsleistungen.

[4]) Wenigstens im Zweifel! s. § 337 I.

FSC
www.fsc.org
MIX
Papier | Fördert gute Waldnutzung
FSC® C083411

Kolibri 360 GmbH
Ferdinand-Jühlke-Straße 7
99095 Erfurt, Deutschland
produktsicherheit@kolibri360.de